KB179197

커피 한 잔 가격으로 시작하는

미국
배당주 투자

커피 한 잔 가격으로
시작하는

미국
배당주
투자

버핏타로 지음 | **하루타케 메구미** 그림 | **김정환** 옮김

이레미디어

일러두기

1. 책의 내용은 기본적으로 2018년 일본 기준 데이터입니다. 편집 시 한국 상황에 맞는 내용과 2020년 기준 데이터를 추가하였습니다.

2. 엔화가 꼭 사용되어야 할 경우 외에는 사용 화폐 단위를 원화(KRW)로 통일하였습니다.

3. 이 책은 투자에 참고하기 위한 정보를 제공합니다. 실제 투자 시에는 자신의 책임 아래 신중하게 판단하여 진행하시기 바랍니다.

으음......

요즘 '주식' 많이 하네.

"그래? 나도 주식 투자 해볼까?"

"요전에 샀던 ○○ 주식이 올라서 기분이 너무 좋아."

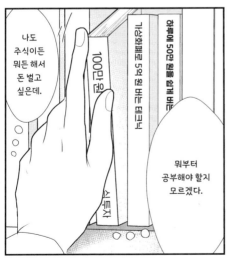

나도 주식이든 뭐든 해서 돈 벌고 싶은데.

100만원

가상화폐로 5억 원 버는 테크닉

하루에 50만 원을 쉽게 버는 테크닉

주식투자

뭐부터 공부해야 할지 모르겠다.

아가씨, 주식 투자에 관심이 있나?

100만 원을 1억 원으로 만드는 주식 투자

워런 버핏
세계 최대의 투자주식회사인
버크셔 해서웨이의 최대 주주이자
회장 겸 CEO

아저씬
누구세요?

자네,
'워런 버핏'도
모르면서 투자를
하려는 건가?

투자 공부는 했나?
친구가
주식으로
돈을 벌었다니까
혹해서 사려는
것 아닌가?

으윽......

욕심에
눈이 멀어서
투자하면
돈만 갖다 바치는
호구가 될 뿐이야.

100만 원을
1억 원으로
만드

주식투

이런 건 전부 속임수나 다름없어.

세계 최고의 투자자라고 하는 워런 버핏조차도 연간 수익률은 20퍼센트라고!

그 말은 자본금이 10억 원이라 해도 1년에 2억 원을 불리는 게 고작이라는 뜻이라고!

소위 '억만장자 투자자'는 주식이 폭등하거나 폭락할 때마다 들끓었다가 사라지는 장구벌레 같은 존재들이지.

1,000,000,000
연간 수익률 20% ↓
1,200,000,000

일본 주식에는 투자 안 해?

20대에는 나도 했지.

하지만 전부 매도하고 미국 주식으로 넘어갔어.

기업 실적을 조사해보니 미국 기업이 훨씬 좋더라고.

미국에는 25년 이상 계속해서 배당을 주고 있는 기업이 100개가 넘어.

일본에는 그런 기업이 몇 개나 있을 것 같아?

영어 실력도
필요 없고,
시간도 안 걸려.

나 같은 경우는
한 달에 딱 3분
투자해서
지금 이 순간에도
돈을 계속
불리고 있거든.

한 달에 3분!?
거짓말!

영어로 된 자료 같은 것도
보면서 이것저것
분석해야 하는 거
아니야!?

그런 식의
투자법이
아니거든.

내가 보유한 종목은
코카콜라나
P&G 같이
유명한
기업뿐이야.

그건
어떻게
하는 거야?

①종목 수 결정
②경기 순환별로
종목 수 결정
③개별 종목 결정
의 3단계로
진행해.

먼저 보유하고 싶은 종목의 수를 미리 결정해.

개인 투자자가 관리하기 좋은 종목 수는 8~16종목이니까
처음에는 10종목을 기준으로 시작하는 걸 추천해.

물론 처음에 정한 종목 수를 계속 지킬 필요는 없어.
운용하는 도중에 투자하고 싶은 종목이
더 생길 때도 있을 테니까.

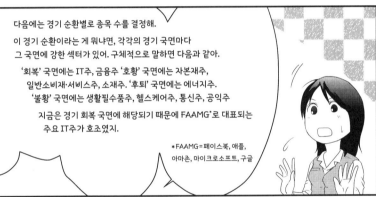

다음에는 경기 순환별로 종목 수를 결정해.

이 경기 순환이라는 게 뭐냐면, 각각의 경기 국면마다
그 국면에 강한 섹터가 있어. 구체적으로 말하면 다음과 같아.

'회복' 국면에는 IT주, 금융주 '호황' 국면에는 자본재주,
일반소비재·서비스주, 소재주. '후퇴' 국면에는 에너지주.
'불황' 국면에는 생활필수품주, 헬스케어주, 통신주, 공익주

지금은 경기 회복 국면에 해당되기 때문에 FAAMG*로 대표되는
주요 IT주가 호조였지.

*FAAMG=페이스북, 애플,
아마존, 마이크로소프트, 구글

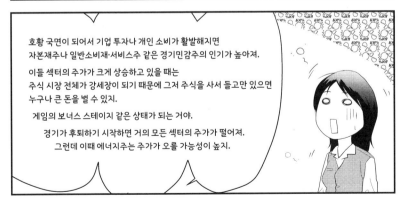

호황 국면이 되어서 기업 투자나 개인 소비가 활발해지면
자본재주나 일반소비재·서비스주 같은 경기민감주의 인기가 높아져.

이들 섹터의 주가가 크게 상승하고 있을 때는
주식 시장 전체가 강세장이 되기 때문에 그저 주식을 사서 들고만 있으면
누구나 큰 돈을 벌 수 있지.

게임의 보너스 스테이지 같은 상태가 되는 거야.

경기가 후퇴하기 시작하면 거의 모든 섹터의 주가가 떨어져.
그런데 이때 에너지주는 주가가 오를 가능성이 높지.

마지막으로 불황 국면에는 거의 모든 종목이 폭락하기 때문에 호황 국면에 자신이 '천재 투자자'인 줄 알고 우쭐대던 투자자들은 입에 거품을 물고 기절하게 돼.

어이, 내 말 듣고 있어?

헉!?

거기...

그런데...... '포트폴리오'가 뭐야?

후 휙 슝

이 책을 봐. 너 정도의 왕초보도 이해할 수 있도록 설명했으니까.

이대로 따라한다면

나 버핏타로는 싫더라도 미국 주식 투자는 좋아하게 될 거야.

Good Luck!

커피값으로 시작하는 _____으로
미국 배당주 투자
알면 알수록 빠져든다

012

왕초보라도
미국 배당주 투자 할 수 있다

책을 시작하기에 앞서 자기소개를 하겠다. 나는 버핏타로라
는 닉네임으로 투자 블로그인 〈버핏타로의 비밀 포트폴리오〉를
운영하고 있다. 투자 경력은 11년이며 투자에 운용하는 자산은
5억 원이 넘는다. 일본에서 미국 주식에 투자하는 사람 중 가장
안티가 많고 호불호가 갈리는 블로거일 것이다.

혹시 비트코인으로 벼락부자가 된 사람이 우연히 이 책을 손
에 들었다면 '투자 기대 수익률이 고작 몇 퍼센트라고? 비트코
인으로는 단숨에 몇백 퍼센트를 벌 수 있는데? 아직도 이런 한
물 간 투자를 하는, 시대에 뒤떨어진 사람들이 있다니!'라며 한
심하게 생각할 것이다. 그러나 비트코인으로 누구나 부자가 될
수는 없다. 이 책을 집어든 대부분은 그런 도박 같은 투자보다

는 안전하게 자산을 늘리는 투자법을 찾는 지성인일 것이다. 미래에 대해 막연한 불안감을 안고 있으며 돈을 벌고 자산을 늘리려면 어떻게 해야 좋을지 힌트를 찾아 헤매는 평범한 사람일 터이다. 스트레스가 폭발하는 날이면 '떼돈을 벌어서 회사 따위 때려치우고 돈을 펑펑 쓰면서 살고 싶어!' 같은 생각도 가끔 하지만, 평소에는 '이제 은행 예금만 하면 안될 것 같아', '하지만 투자를 하려면 공부도 해야 하고, 이래저래 신경 쓸 것도 많은데…….'라며 걱정이 앞서는 평범한 사람 말이다.

이 책의 내용은 성실하게 살아온 소시민에게 안성맞춤인 투자법이다. 이 책은 단숨에 10억 원을 벌어들일 수 있는 마법의 투자법을 소개하지는 않는다. 이 책의 투자법을 통해 기대할 수 있는 수익률은 연평균 몇 퍼센트에 불과하다. 실망스러운가? 정말로 부자가 되고 싶다면 가상화폐 같은 사기 수준의 도박을 하면 안 된다. 큰돈을 벌 수도 있지만, 잃는 것도 순식간이기 때문이다. 연평균 수 퍼센트의 수익을 꾸준히 내면서 차근차근 자산을 늘려가는 것이 중요하다.

이 책은 투자의 세계에서 널리 알려진 '왕도(王道)'를 왕초보도 이해하기 쉽게 풀어 썼다. 또한 보편적으로 누구나 쉽게 수익을 낼 수 있는 투자법을 소개했다. 구체적으로 말하면, 미국의 연속 증배 고배당 우량주를 골라서 투자하고, 배당을 받으면 재투자하는 것이 전부다. 주식에 대해 전혀 몰라도, 영어를 못해도 누구나 쉽게 투자할 수 있다. 지금 옆에 있는 사람에게 "배당이 뭐야?"라고 물어보는 수준의 왕초보라도 걱정할 필요가 없다.

이렇게 말하는 나도 11년 전 왕초보 상태에서 주식 투자를 시작했다. 당시 수익률이 좋아 투자 열풍이 불었던 신흥국가 'BRICs(브라질, 러시아, 인도, 중국의 머리글자를 딴 조어)'의 주식이었다. 그런데 투자를 시작한 직후에 미국 부동산 버블이 붕괴되고 이듬해에 리먼브라더스가 파산하면서 금융 위기로 발전하는 바람에 보유하고 있던 신흥국 주식은 가격을 확인하기 두려울 정도로 폭락했다. 겨우 손절한 뒤엔 남은 자금을 긁어모아 일본 주식에 투자했다. 미래가 유망하다는 성장주를 선택해 집중 투자했다. 그런데 또 투자 직후에 실적이 하락해서 평가손(주가가 하락해 장부 가격보다 적어져 생기는 손실)이 하루가 다르게 불어났다. 배에 힘을 꽉 주고 버티면서 계속 보유한 결과 다시 주가가 급등해 2015년에 수익을 내고 매도할 수 있었다. 이때 돈을 벌기는 했지만 '운'이 좋았을 뿐이었고, 이런 투자법을 반복해야 한다면 도박을 하는 것이나 다름없다고 생각해 일본 주식으로부터도 손을 뗐다.

이처럼 나 역시 처음에는 한심한 투자 스타일을 10년 가까이 계속했다. 이것은 아니라고 생각해 다른 좋은 방법이 없을까 찾고 고민하고 경험하면서 현재의 투자 스타일을 만든 것이다.

그래서 분명히 말하고 넘어가겠다. 이 책은 특출난 천재가 쓴 책도 아니고, 누구나 인정할 만큼 지혜로운 사람이 쓴 책도 아니다. 어디에서나 볼 수 있는 평범한 투자자가 수많은 실패와 행운을 경험하고, 수백 권에 이르는 투자 관련 서적을 탐독하면서 쌓은 지식을 담은 책이다. 다른 식으로 말하면 이 책은 '지금부터 투자를 시작해 볼까?'라고 생각하던 11년 전의 나를 위해서 쓴 책이기도 하다. 그때 이 책이 있었다면 나는 투자금을 날리는 우여곡절과 실패를 겪지 않고 꾸준히 자산을 늘려왔을 것이다.

나의 쓰라린 경험을 살려 이제 투자를 시작하려는 초보자들에게 어떤 경제 상황에서도 성공할 수 있는 주식 투자법을 알려주려고 한다. 꾸준히 한다면 누구나 자산을 쌓을 수 있다. 그러니 '이대로는 불안하니 부업 삼아 투자라도 시작해 볼까?'라고 생각하는 20~40대 직장인에게 딱 맞는 내용이라고 할 수 있다.

이 책을 읽은 독자 여러분이 실패없이 최단 거리의 길을 천천히, 꾸준히 걸어가 반드시 부자가 되기를 기원한다.

CONTENTS

제 2 장   미국 주식이 최강의 투자 자산인 이유

돈이 돈을 낳는
최강의 머니 머신 만들기

제 3 장

자본주의를 이용해
투자로 부자 되기

---
① ↻

평범한 사람이 억만장자가 되는 나라,
미국

일본 같은 풍요로운 사회에서는 마음만 먹는다면 누구나 부자가 될 수 있다. 매정하게 들릴지 모르지만, 자본주의 사회에서 가난한 것은 전적으로 자기 책임이다.

이렇게 직설적으로 말하니까 매번 블로그에서 욕을 먹는 것이겠지만, 나는 사실을 말할 뿐이다. 그러면 어떻게 해야 부자가 되냐고? 1~2년 만에 억만장자가 될 수 있는 '비밀 투자 기법' 같은 것은 세상에 존재하지 않는다. 또 앞으로 폭등할 '숨겨진 보물 종목'을 내가 소개할 수 있는 것도 아니다. 행운의 부적을 1년 365일 24시간 내내 몸에 지닌 채 죽어라 복권을 산다고 해서 부자가 될 수 있는 것도 당연히 아니다.

부자가 되는 방법을 한 문장으로 표현하면 "근면하게 일하고, 아끼고 절약하며, 착실하게 운용한다."라고 할 수 있다. 다르게 표현하면 "수입을 최대화하고, 지출을 최소화하며, 운용 수익을 최대화한다."이다.

미국의 전형적인 억만장자는 영화에서 흔히 보는 수영장이 딸린 대저택에 살며 매일 파티를 여는 사람들이 아니다. 대부분의 미국 억만장자는 지극히 평범한 집에 살고, 맞벌이로 평균 수준의 수입을 올리며, 빈말로라도 세련되었다고는 말할 수 없는 옷을 주로 입는, 어디를 어떻게 봐도 평범한 사람들이다.

또한 미국의 억만장자 중 80퍼센트는 맨손으로 부를 쌓아 올린 사람들이다. 유산을 상속받았거나 복권에 당첨된 것도 아닌데 성실하게 일하고 절약하며 수입의 일정 부분을 떼어 착실하게 투자를 해온 결과 부자가 되었다. 미국에는 이런 사람들이 발에 차일 만큼 많다.

미국에는 주식 투자를 비롯한 자산운용으로 부자가 된 사람이 발에 차일 만큼 많은데, 왜 일본에서는 자산운용으로 부자가 되었다는 이야기를 들을 수가 없을까? 결론부터 말하면, 일본은 부자가 되기 위한 방법인 '근면하게 일하고, 아끼고 절약하며, 착실하게 운용한다.'라는 기본 전제를 실천할 수 없는 환경이기

때문이다.

일본은 맞벌이보다는 외벌이 가정이 많다. 아이가 어느 정도 자란 후 아내가 파트타임으로 일하더라도 연수입 1천만 원 미만이 대부분인 까닭에 수입의 최대화는 꿈도 꿀 수 없다. 또한 사회 초년생일 때 "생명보험 하나쯤은 있어야 어엿한 사회인이죠."라는 보험 설계사의 감언이설에 넘어가 매달 쓸데없는 지출을 하는 사람도 많다. 1990년대 이후 부동산 가치가 지속적으로 하락하고 있는데도 집을 35년 상환 대출로 구입하고는 허리띠를 졸라매는 가정도 많다(일본의 주택가격은 1991년부터 25년 동안 약 50% 하락했다).

집은 가족이 안정적으로 살아가기 위해서 구입하는 것이니까 투자가 아니라 꼭 필요한 지출이라고 반론하는 사람도 있지만, 적어도 일본에서는 그렇지 않다. 만에 하나 여러분이 이혼하거나 일자리를 잃어서 대출을 갚지 못하게 되면 집을 팔아야 하는 상황에 몰릴 수 있다. 그때 구입한 가격보다 낮은 가격에 팔아야 한다면 그것은

여러분이 부동산 투자를 해서 손해를 봤다는 의미

가 된다. 이런데도 집을 꼭 사야 할까?

부자가 되는 세 가지 방법, 즉 근면한 노동, 절약, 착실한 투자에 관해 전부 자세히 설명할 수 있다면 좋겠지만, 책의 분량에는 제한이 있다. 그래서 이 책에서는 세 번째 방법, 즉 직장인이 일상생활을 영위하면서 어렵지 않은 방법으로 착실하게 투자해 부자가 되는 방법을 소개하려 한다.

세상에는 수많은 투자법이 있는데, 그 중에서 자산이 많지 않은 중산층이나 서민은 '무엇'에 투자해야 운용 수익을 '최대화'할 수 있을까?

나는 미국 주식으로
2년 만에 1억 원 벌었다

투자의 세계에는 앞의 질문에 대한 답이 이미 나와있다. 다시 말해 이 책에 적혀 있는 노하우는 내가 새롭게 발견해낸 것이 아니다. 다만 내가 개인 투자자로서 10년 이상 시행착오를 거듭하며 성공과 실패를 반복한 경험에 입각해, 투자를 시작하려는 사람에게 필요한 노하우와 초보 투자자가 빠지기 쉬운 함정 또는 오류 등을 지적하면서 올바른 운용 노하우를 조언하고자 한다.

먼저, 무엇에 투자해야 하느냐는 질문의 답을 알고 있고 또한 훌륭한 운용 성과를 보이고 있는 내가 실제로 어떤 포트폴리오(자산의 보유)로 어떻게 운용을 하고 있는지 그 결과를 다음 페이지에 소개했다. 그래프는 2016년 1월부터 2017년 10월 말까지 내가 자산운용을 한 결과의 세후 누적 수익으로, 수익액은 9천만 원이 조금 못 된다.

그리고 2017년 12월 현재 누적 수익이 1억 원을 넘겼다. 즉 나는

낮은 리스크로 2년 만에 1억 원

을 벌어들인 것이다.

주식 투자이므로 리스크가 제로는 아니지만, 한 종목을 집중 매수하는 것보다는 리스크가 훨씬 적다.

나는 코카콜라와 존슨앤드존슨 등 미국의 초대형 고배당주 10개 종목에 균등하게 분산투자하고 있으며, 배당금을 재투자해 자산을 계속 불려나가고 있다. 그래서 포트폴리오를 '배당 재투자 전략'이라는 투자 스타일에 최적화해 말 그대로 돈이 돈을 낳도록 디자인했다. 주식을 보유하는 한 배당이 계속 나오므로 자산이 계속해서 증가한다.

배당은 회사가 얻은 이익 중 일부를 주주에게 지급하는 것을 말한다. 현재 코카콜라의 주식에 투자했을 경우 약 3퍼센트의

🔍 버핏타로의 세후 누적 수익액

미국 달러

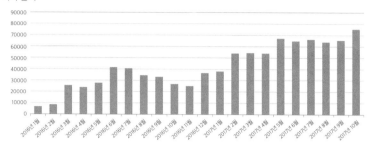

🔍 버핏타로의 포트폴리오

※ 모두 10퍼센트씩 균등 보유

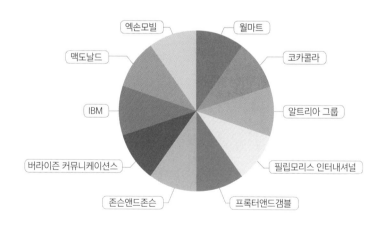

배당을 받을 수 있으므로, 1천만 원을 투자하면 30만 원의 배당금을 받을 수 있다. 그리고 어떤 주식의 배당금으로 1,000달러를 받았다면 그 배당금을 사용하는 것이 아니라 다시 그 주식을 구입한다. 그러면

⸝ 배당금으로 매수한 주식은 공짜로 얻은 것 ⸜

이므로 설령 주가가 폭락해서 반 토막이 나더라도 딱히 손해를 본 것이 아니게 된다. 게다가 이렇게 공짜나 다름없이 매수한 주식 역시 분기(3개월)마다 배당금을 주며 그 배당금으로 또다시 주식을 살 수 있다. 이것을 계속 반복하면 시간이 지남에 따라 주식과 배당은 더욱 많은 돈을 낳아준다.

요컨대 나의 포트폴리오는 배당금을 이용함으로써 돈이 돈을 낳는 구조의 '머니 머신'이다.

나 대신 일해 주는 '머니 머신'이 1년 365일 24시간 내내, 내가 잠을 자는 동안에도 쉬지 않고 일하며 돈을 만들어 준다.

⸝ 와, 이거 끝내주는데! ⸜

라고 생각하지 않는가? 여러분도 자신만의 '머니 머신'을 만

들면 자산이 자꾸만 늘어날 것이다. 다만 머니 머신을 만들 때 디자인을 잘못하면 불량품이 될 수 있고, 관리를 소홀히 하면 망가져서 수익을 내기 어려워진다.

관리라고 해서 딱히 많은 시간을 들여야 하는 것은 아니다. 내 경우는

⋰ 한 달에 딱 한 번, 3분이면 끝! ⋱

이 정도의 시간 투자라면 아무리 바쁜 직장인이나 자영업자라도 누구나 쉽게 할 수 있을 것이다.

그렇다면 '어떻게 해야 돈이 돈을 낳는 최고의 머니 머신을 만들 수 있는가?'가 궁금할 것이다. 내가 아는 한 머니 머신을 만드는 최고의 재료는 '미국 주식'이다. '왜 미국 주식이어야 해? 일본 주식은 안 돼? 난 영어 못하는데' 같은 걱정은 하지 않아도 된다. 전부 내가 가르쳐 주겠다.

미리 분명히 밝힌다. 이 세상에 유일무이하고 완벽한 머니 머신은 존재하지 않는다. 그 이유는 이 책을 끝까지 읽으면 알 수 있겠지만, 여러분이 스스로 머니 머신을 만들고 소유할 수 있는 힌트는 반드시 소개할 것이니 안심하고 다음 장으로 넘어가기 바란다.

37세부터 주식에 투자해
100억 자산가가 된 주유소 직원

2014년 6월, 미국 버몬트 주에 사는 로널드 리드라는 평범한 노인이 92세를 일기로 세상을 떠난 것이 언론의 화제를 모았다.

리드 씨는 어디에서나 볼 수 있는 평범한 노인이었지만, 그가 조금 남달랐던 부분은 항상 허름한 옷을 입고 있어서 때때로 노숙자로 오해받았다는 것과 애독서가 경제신문인 〈월스트리트 저널〉이었다는 점이다. 그런 그에게 약 100억 원이나 되는 자산이 있었다는 사실이 밝혀지면서 미국 전역이 떠들썩해졌다.

리드 씨는 제2차 세계대전에 참전했다가 귀국한 뒤 25년 동안 주유소에서 일했고, 그 후에는 대형 백화점의 청소부로 일한 전형적인 노동자 계급이었다. 그런 그가 부자가 될 수 있었던 이유는 복권 1등에 당첨되었거나 부모로부터 막대한 유산을 상속받아서가 아니었다. 37세부터 시작한 주식 투자 덕분이었다.

리드 씨는 37세에 PG&E 코퍼레이션이라는 전력·가스 회사의 주식을 사면서 주식 투자를 시작했다. 최초 투자액은 현재 가치로 환산하면 약 1,250만 원 정도였다. 주유소에서 일했다는 점을 고려하면 수입은 그다지 많지 않았을 것이다. 그러나 그는 생활비를 아끼고 모아서 투자 자금을 마련했고, 최종적으로는 95개나 되는 종목에 투자했다. 보유 종목은 대형 은행인 웰스파고와 거대 생활용품 기업인 프록터앤드갬블(P&G) 등 소비자에게 친숙한 브랜드를 소유한 대기업 주식이 대부분이었고, 배당을 실시하는 종목이라는 공통점이 있었다. 또한 일단 주식을 사면 팔지 않고 계속 보유하는 전형적인 '바이 앤드 홀드(Buy and hold)'였다. 배당금을 재투자함으로써 자산이 최대로 늘어날 수 있는 방식이며 이 책에서 추천하는 투자 스타일과 같다.

개인 투자자 중에는 주식 투자를 하기에는 이미 늦었다든가 수입이 적어서 도저히 투자를 할 돈이 없다면서 핑계만 늘어놓는 사람이 있는데, 리드 씨처럼 수입의 일부를 안정적으로 배당을 주는 주식에 투자하고 꾸준히 배당금을 재투자하기만 해도 누구나 부자가 될 수 있다. 시작하기에 너무 늦은 타이밍은 절대로 없다!

제 1 장

정말 쉽고 간단한
미국 주식 투자

스타벅스에서
커피를 사는 것만큼 쉽다

지금부터라도 미국 주식에 투자해볼까 하는 생각을 가졌더라도 "미국 주식 투자라니 왠지 어려울 것 같아."라든가 "난 영어를 못하는데, 혹시 실수해서 망하는 거 아니야?", "주식으로 그렇게 쉽게 돈을 벌 수 있다면 다들 이미 했겠지." 같은 부정적인 생각에 빠져서 행동으로 옮기지 못하는 사람도 적지 않다.

그러나 일단 시작하면 그런 걱정을 했던 과거의 자기자신이 무색할 것이다. 미국 주식에 투자하는 것은 정말 간단한 일이며, 영어를 잘할 필요도 없고 실수할 일도 거의 없다.

오히려

여태까지 미국 주식 투자를 하지 않은 사람이 바보

가 아니었나 싶은 생각이 들 만큼 간단한 것이 미국 주식 투자다.

여러분은 이미 일상생활 속에서 미국산 제품이나 서비스를 아무렇지도 않게 이용하고 있다. 아이폰, 스타벅스, 코카콜라, 아마존, 마이크로소프트, 넷플릭스 등 너무나 많다. 이런 것들을 이용할 때 영어가 필요했던가? 당연한 말이지만 전혀 필요하지 않다.

이와 마찬가지로, 영어를 못하더라도 다들 애플이 무엇을 만드는 회사인지 알고 있으며 아마존이 어떤 서비스를 하는 회사인지도 알고 있다.

스타벅스 주식을 사는 것은
스타벅스에서 커피를 사는 것과 같은 수준

의 아주 쉬운 일이다.

그러나 일본의 개인 투자자는 어째서인지 "영어를 못하면 미국 주식에 투자하기 어렵지 않나?" 같은 생각을 갖고 있으며 투자하기를 매우 주저한다. 어쩔 수 없는 일이라는 생각도 들기는 한다. 일본에서 주식 투자를 하는 사람의 연령대를 조사해봤더니 평균 연령이 60세 이상이었기 때문이다(한국의 경우, 40~50대가 절반 이상을 차지한다). 60대 이상이 주식 투자를 하는 것이라면 미국 주식에 소극적인 것도 이해가 된다. 그러나 지금은 인터넷과 스마트폰으로 전 세계의 시장에 접속할 수 있으며, 일본 주식보다 훨씬 유망한 종목에 투자할 수도 있는 시대다. 세계의 투자자와 경쟁하지 못한다면 시대에 뒤처질 수밖에 없다.

주식을 산다는 것은 그 회사의 오너가 되고, 그 회사로부터 자신의 몫을 받을 수 있다는 뜻이다. 예를 들어 여러분이 스타벅스의 주식에 투자한다면 그날부터 여러분은 스타벅스의 오너다. 스타벅스에 갈 때마다 매장에 있는 손님들이 여러분에게 돈을 바치는 고객으로 보일 것이다. 마찬가지로 여러분이 애플에 투자한다면 그날부터 여러분은 애플의 오너이므로 길에서 아이폰을 손에 들고 있는 사람을 볼 때마다 '오, 저 사람은 내 회사의 제품을 사용하고 있군.'이라며 기업의 오너 같은 생각을 하게 된다. 주식을 갖고 있다면 실제로 오너의 권리를 일부나마 갖고 있으므로 이런 생각은 과대망상이 아니다.

여러분이 어떤 회사에 투자할지 고려할 때 전 세계를 상대로 하는 기업인 애플의 오너가 되는 편이 현명할까, 아니면 일본에서만 잘나가는 도시바의 오너가 되는 편이 현명할까?

일본의 개인 투자자는 대개 도시바를 선택한다. 막연하게 미국 주식에 대한 거리감과 두려움이 있기 때문이다. 그러면서도 도시바의 주주 총회에 가서 실적이 왜 이러냐고 화를 내며 고함을 친다. 이런 사람들은 시대의 변화에 뒤처진 한심하고 불쌍한 정보 약자들이다. 말이 심하다고 느낄지 모르지만 나는 진심으로 그렇게 생각한다. 생각해 보라. 오르지 않는 주가에 초조해하고 주주 총회에 가서 화를 내며 정신력을 소모할 바에는 애플 주식을 사서 주가 상승과 배당을 함께 누리는 편이 훨씬 인생이 즐겁지 않을까?

이렇게 생각하면 미국 주식에 투자하는 것이 생각보다 간단한 일이며,

영어를 못하더라도 아무런 문제가 없다

는 것을 알 수 있을 것이다.

말은 이렇게 해도 정말 아무런 정보 없이 회사 이름만 알고 미국 주식에 투자하기보다는 정보가 있는 편이 나은 것은 사실이다(사람에 따라서는 정보를 차단하고 잠이나 자는 편이 나은 경우도 있지만). 또한 최소한 자신이 지금 무엇을 하고 있는지는 파악해 둘 필요도 있다. 그런 의미에서 저자 버핏타로가 평소 이용하고 있는 '비밀 정보원(源)'을 소개하려 한다.

주식투자자 젊어졌다. 평균 연령 47.8세

한국거래소가 10일 발표한 '2013년도 주식투자인구 및 주식보유현황' 조사에 따르면 유가증권시장과 코스닥시장에 참여하는 투자자 수는 508만 명으로 전년 대비 6만 명 늘었다. 이 중 개인투자자의 평균 연령은 47.8세로 지난해 48.6세보다 0.8세 젊어졌다. 20~30대의 개인투자자들은 9만명 늘어났지만 55세 이상 고령층이 11만 명 감소했다. 고령층이 노후대비 등으로 주식시장에 직접 투자하기 보다는 퇴직연금 및 보험 등으로 자산을 이동한 데 따른 것으로 보인다. 다만 고령층의 경우 투자자수가 줄어들면서 비중은 감소하고 있으나 1인 주식 보유 규모는 가장 컸다.

개인이 평균적으로 보유한 규모는 60대 이상(10억 4,000만 원), 50대(7,000만 원), 40대(4,900만 원), 30대(2,700만 원), 20대(1,800만 원) 순이었다.

출처: 매일경제신문 2014년 6월 10일자

국내 주식투자자 600만 명 돌파, 강남 40·50대 최다

2019년 국내 주식투자자들이 600만 명을 넘어선 것으로 나타났다. 투자자의 절반은 40~50대였고, 서울 강남구에 거주하는 50대 남성의 보유 주식이 약 12억 주로 가장 많았다.

개인 소유자 연령대별로는 40대 157만 6,373명(25.8%), 50대 151만 653명(24.8%)으로 전체 투자자의 절반 이상을 차지했다. 30대가 107만 2,120명(17.5%)이었고 △60대 94만 8,584명(15.5%) △20대 38만 1,910명(6.2%) △70대 36만 3,893명(5.9%) 순이었다. 20대 미만과 80세 이상도 각각 9만 8,612명, 16만 4,336명이었다.

출처: 머니투데이 2020년 3월 10일자

②

주식 투자에
특별한 정보원은 필요 없다

'미국 주식 투자자를 위한 비밀 정보원'이라고 거창하게 말은
했지만, 애초에 비밀 정보원 같은 것은 없다. 또한 투자에서 성
공하기 위해 어떤 특별한 정보원이 필요하지도 않다.

주식 투자를 하다 보면 급등하는 주식만 콕콕 찍어 알려준다
는 유료 정보 사이트나 카페, 메신저 등이 있는데, 속지 말자.

그런 것들은 전부 사기다!

"에이, 그래도 전부 다 사기는 아니겠지."라고 생각하는 순진

한 사람도 있을지 모르지만, 단언하건대 전부, 모두, 언제나 사기다.

조금만 생각해 보면 알 수 있는 일이다. 가령 연간 30퍼센트의 수익을 기대할 수 있는 종목이 있다고 하자. 이 종목에 딱 한 번 3천만 원을 투자하고 40년 동안 운용하면 무려 1조 2천억 원이 된다. 그렇게 쉽게 큰돈을 벌 수 있는데 왜 고작 수십만 원의 푼돈을 받고 여러분에게 황금알을 낳는 거위를 소개해 주겠는가?

답은 한 가지다. 이 세상에는 호구가 되어 주는 바보가 얼마든지 있기 때문이다. 여러분은 그런 호구가 되지 않길 바란다.

'투자의 신'으로 불리는 워런 버핏조차도 과거 37년간의 연평균 수익률이 22.6퍼센트 정도다. 자신이 워런 버핏이 아닌 이상 이보다 높은 수익률을 기대한다면 양심 불량이다.

세상에는 연간 30퍼센트의 수익률을 내는 펀드도 있기는 하다. 하지만 대부분 '어쩌다 보니 운이 좋아서' 거둔 1~2년간의 수익률이며 장기적으로 그 수익률을 지속하는 펀드는 없다. 정말로 단 하나도 없다. 장기적으로 봤을 때 대부분의 펀드 매니저가 시장 평균보다 못한 수익률을 기록하는 것이 현실이다. 만에 하나 시장 평균 수익률을 능가할 수 있는 실력을 지닌 펀드 매니저가 존재하더라도 우리가 이를 사전에 알고 그 펀드 매니저에게 돈을 맡길 수 있는 방법은 없다.

이렇게 생각하면 '개인 투자자는 어느 정도의 수익률에 만족해야 할까?'라는 궁금증이 생길 것이다. 답은 실질 총수익률 6~7퍼센트 정도다. 이것이 과거 200년에 걸친 시장 평균이자 앞으로도 기대할 수 있는 연평균 수익률이다. 누가 계산한 것인지 궁금한 사람도 있을 터인데, '굉장히 머리가 좋은 학자와 기관 투자자가 계산해 보니 그런 결과가 나왔다.' 정도로 생각하기 바란다.

참고로 '실질'이라는 것은 물가 상승률을 반영해서 조정했다는 의미로, 예를 들어 앞으로 물가가 연평균 2퍼센트씩 상승할 경우 명목 수익률은 8~9퍼센트지만 물가 상승분을 고려하면 실질적으로는 6~7퍼센트라는 의미이다.

그렇다면 시장 평균으로 투자하려면 어떻게 해야 할까? 미국의 주요 기업 500곳의 주가를 바탕으로 산출하는 S&P500지수라는 것이 있다. 일본의 닛케이평균주가지수, 한국의 코스피지수 같은 것이다. S&P500지수에 투자할 수 있는 ETF나 인덱스 펀드가 금융 상품으로 나와있다. 여기에 투자하면 누구나 시장 평균 수준의 수익률을 기대할 수 있다.

따라서 S&P500 ETF에 투자하기만 해도 '머니 머신'의 기본 디자인은 완성된다.

"뭐야, 이거 너무 간단하잖아? 아니, 너무 간단해서 수상한

데? 이것이야말로 사기 아니야?"라고 의심하는 사람도 있을지 모르지만, 그렇지 않다.

실제로 버핏을 비롯한 수많은 저명한 투자자가

S&P500 ETF에 투자할 것을 추천

하고 있기 때문이다.

그러나 신기하게도 S&P500 ETF에 집중투자하는 사람은 많지 않다. 오히려 거의 없다고 해도 될 정도로 적다. 투자의 세계는 정보는 알고 있지만 실행하지 않는 참으로 희한한 세상이다.

정보를 알고 있지만 실행하지 않는다는 점이 의심스럽다고? 이것은 다른 분야에서도 늘 일어나고 있는 현상이다. 그 전형적인 예가 '다이어트'다. 식사를 제한하고 적당히 운동하면 살을 뺄 수 있다는 사실을 알지만 실천하는 사람은 드물다. 이렇게 말하면 "나는 물만 마셔도 찌는 체질인데요"라고 억울해하는 사람이 반드시 있다. 그러나 라이브도어의 경영자였던 호리에 다카후미가 주가 조작과 분식 회계로 감옥에 갔다가 출소했을 때 '저 사람 누구야?'라는 생각이 들 정도로 살이 빠졌듯이, 옥중 생활을 몇 년씩 하면 체질이고 뭐고 상관없이 누구나 살이 빠진다. 그러나 교도소나 군대처럼 즐거움이라곤 없는 식생활을 자발적으로 실천하는 사람은 거의 없으며, 운동을 규칙적으로 하는 사람도 많지 않다.

마찬가지로 투자의 세계에서는 머니 머신 제작법을 누구나 알고 있고, 그것이 좋다는 것은 알지만 대부분의 사람은 참지 못하고 황금알을 낳는 거위의 배를 가르곤 한다. 그러므로 자신의 성격에 맞는 머니 머신을 만들 필요가 있다.

그런 까닭에 자신의 독자적인 머니 머신을 만들기 위해서도

모르는 말이 나왔다면 이것을 읽어 보자

ETF

ETF란 다우존스 산업평균지수나 S&P500지수, 닛케이평균주가지수 등의 주가지수와 연동되도록 운용되는 투자 신탁이다. ETF는 상장되어 있어서 주식과 똑같이 실시간으로 매매할 수 있다. 1주의 가격이 몇십 달러부터 몇백 달러에 이르기 때문에 소액 투자자에게는 적합하지 않다. 주식 매매와 마찬가지로 수수료가 부과된다.

인덱스 펀드

ETF와 마찬가지로 다우존스지수나 S&P500지수 같은 주가지수와 연동되도록 운용되는 투자 신탁의 일종이다. ETF와 달리 비상장이기 때문에 하루에 한 번 산출되는 기본 가격으로 매매해야 하는 반면, 펀드와 똑같이 소액으로 적립 투자가 가능하다.

최소한의 투자 공부는 해두는 편이 좋다. 머니 머신을 만든 뒤에도 계속해서 운용을 해야 하므로 최소한 어디서 정보를 얻어야 하는지 정도는 알아야 한다. 그래서 내가 평소에 이용하고 있는 정보원을 소개하겠다. 〈월스트리트 저널〉이나 〈로이터〉, 〈블룸버그〉 같은 뉴스 사이트다. 물론 일본어판이다.

'에이, 평범하잖아?'라고 생각했을지도 모르지만, 애당초 투자의 세계에 남들과 다른 특별한 정보를 가지고 투자하는 사람은 없다. 개인 투자자는 하루하루의 경제 동향을 파악하는 것만으로도 충분하다. 투자 공부를 더욱 철저히 하고 싶다면 권말에 소개한 참고 문헌들을 읽어 보면 된다. 솔직히 말해 그 책들을 다 읽으려면 돈도 시간도 많이 들 것이므로 그 책들의 지혜를 한 권에 담은 이 책을 읽는 것만으로 충분하다고 생각한다.

미국 주식에 투자를 시작하려는 사람은 어디에서 미국 주식을 사야 하는지, 투자를 시작하려면 얼마가 필요한지 등 궁금한 점이 많을 것이다. 그에 관해 다음 페이지에 간단히 소개하겠다.

미국 주식,
어디서 어떻게 살까

① 어디에서 사야 하지?

주식을 살 때는 수수료가 저렴한 인터넷 증권사를 이용하기 바란다. 일본에서 미국 주식 거래에 강점이 있는 증권사로는 모넥스 증권과 라쿠텐 증권, SBI 증권이 있는데, 나는 이 가운데 라쿠텐 증권을 이용하고 있다.

어느 증권사를 선택하든 문제는 없지만, 차이점도 약간 있다. 가령 취급 종목의 수를 보면 모넥스 증권이 3,351종목인데 비해 라쿠텐 증권은 1,333종목밖에 안 된다. 다만 일본의 개인 투자자가 자신이 잘 모르는 종목에 투자하는 것은 거의 이점이 없기 때문에 취급 종목의 수는 사실상 크게 중요하지 않다. 실제로는 1,000종목만 되면 충분하다.

가장 중요한 것은 '거래 수수료'인데, 세 증권사 모두 약정(매수·매도 주문이 집행되는 것) 대금의 0.45퍼센트로 동일하며 주문 방법도 지정가와 시장가만 있으면 충분하다. 증권사에 따라 결제 통화가 미국 달러로 한정된 곳도 있다. 이런 증권사를 이용한다면 미국 주식에 투자하기 전에 미리 영업시간 중에 달러로 환전할 필요가 있다.

② 한 번에 얼마나 사야 하지?

거래는 1주부터 가능하다. 일본 주식은 100주가 기본 단위이기 때문에 주가가 5,000엔인 종목을 사려면 50만 엔이나 필요하다. 그러나 미국 주식은 1주 단위로 살 수 있다. 그러나 애플 주식은 450달러, 테슬라는 1,650달러, 아마존은 3,000달러가 넘어서 1주를 구입하기도 부담스럽다(한국은 증권사에 따라 미국 주식을 0.1주, 0.01주 등 소수점 단위로 살 수 있는 곳도 있다). 다만 주의해야 할 점도 있다. 싸다고 해서 미국 주식을 1달러만 산다면 상대적으로 수수료 부담이 커진다는 점이다.

한국 주요 증권사의 거래수수료와 환전수수료

	거래수수료(매수/매도 각각)	환전수수료	기준환율
키움증권	0.1%	환율우대 95%	신한은행 고시환율
신한금융투자	0.25%	환율우대 90%	신한은행 고시환율
미래에셋대우	0.25%	환율우대 없음	서울외국환 고시환율
한국투자증권	0.25%		자체 고시환율
KB증권	0.25%	환율우대 100%	국민은행 고시환율
NH투자증권	0.25%		농협은행 고시환율
삼성증권	0.25%		자체 고시환율
대신증권	0.2%		하나은행 고시환율
유진증권	0.25%		하나은행 고시환율

한국에서 미국 주식을 거래할 때 내야 하는 수수료는 다음과 같은 것이 있다.

1 증권사 수수료: 증권사에서 흔히 광고하는 '수수료 0원'은 이것이 무료라는 얘기다. 기본수수료가 없는 증권사를 이용하는 것이 좋다.

2 유관기관 수수료: 한국거래소, 증권예탁원, 증권업협회 등에 내야 하는 수수료. 거래금액의 0.003~0.006% 정도다.

3 양도소득세: 주식 매도 시에만 내는 세금. 거래금액의 0.25%이며 수익이 난 경우에 낸다.

4 SEC Fee: 미국 주식을 매도할 때 미국증권거래위원회에 내야 하는 세금이다. 매도할 때만 낸다고 하여 '미국주식 매도 거래세'라고도 부른다. 이 세율은 1년에 1~3차례 바뀌는데, 2020년 7월 기준 거래금액의 0.00207%다.

③ 세금은?

또한 양도 차익(주식을 팔아서 벌어들인 이익)에 부과되는 세금이 있는데, 조세 조약에 따라 현지에서는 부과되지 않고 일본 국내에서 부과된다. 투자를 한 적이 없는 사람은 '그게 뭔데?'라고 생각할지 모르지만, 일본 주식이든 미국 주식이든 주식을 팔아서 벌어들인 이익에는 20.315퍼센트의 과세가 부과된다(한국의 경우, 연간 250만 원 이하의 매매차익에는 양도소득세가 부과되지 않으며, 250만 원 이상인 경우에 0.25퍼센트의 세금을 내야 한다. 그리고 모든 거래에 증권거래세가 부과된다).

아울러 배당금에 관해서는 현지 과세 10퍼센트가 차감된 뒤에 국내 과세 20.315퍼센트가 부과되므로 합계 28.283퍼센트가 차감된다. 다만 현지 과세분 10퍼센트에 대해서는 확정 신고를 하면 환급받을 수 있으므로, 잊지 말고 확정 신고를 하기 바란다. 안 하면 현지 과세분을 환급받지 못한다. 또한 양도 차익 과세분, 배당 과세분은 확정 신고를 통해서 주식의 매각 수익과 손익 통산을 할 수 있으므로 연말에 수익이 난 주식과 평가손을 보고 있는 주식을 같이 팔면 세금을 줄일 수도 있다(국내의 세금 체계에 대해서는 다음 페이지를 참고한다).

미국 주식 매매 시 세금

세금 종류		세율	비고
거래세 + 수수료	SEC Fee	0.00207%	2020년 7월 기준(1년에 1~3회 변경됨)
	증권사 수수료	0.1~0.25%	매수/매도 모두 적용됨
양도소득세 (이익이 난 경우에만)		매매차익의 22% (양도소득세 20% + 지방소득세 2%)	매매차익 연간 250만 원까지 비과세 250만 원 초과시 22%를 내야 하며 자진신고임
배당소득세		배당금 × 15% (달러를 기준으로 미국에서 원천징수 된다)	14% 미만은 원화로 별도 과세하며 미국 주식은 해당 없음 단, 금융소득 종합과세 대상자(배당, 이자 등의 수익이 2천만 원 이상)는 별도 확인이 필요함

양도소득세 신고, 납부 방법

한 해 동안 발생한 미국 주식을 비롯한 해외 주식 양도소득세는 다음해 5월에 신고, 납부를 하면 된다. 예를 들어, 올해 1월 1일부터 12월 31일까지 발생한 양도소득은 다음해 5월에 신고하고 납부하는 것이다. 신고는 납세자가 직접 하는 방식과 세무 대리인을 통해서 납부하는 방식이 있다. 만약 양도소득이 250만 원을 초과할 것 같다면 세무 대리인을 통해서 양도소득세 신고를 하는 것이 낫다. 매매 차익이 250만 원을 넘지 않는 경우에도 원칙적으로 신고를 해야 한다.

종합과세와 분리과세

종합과세는 배당, 이자, 사업, 근로, 연금, 기타 소득을 모두 합산해서 과세하는 방식이다. 분리과세는 퇴직소득과 양도소득처럼 장기간 누적된 소득이 일시적으로 발생해서 상대적으로 불이익이 발생할 수 있을 때 이를 방지하는 과세 방법이다. 다른 소득과 합산하지 않고 해당 소득만 따로 분류해서 과세한다. 미국 주식의 양도소득세는 '분리과세' 방식이므로 다른 소득과 합쳐 적용되지 않는다.

배당소득이 2천만 원을 초과하는 경우

배당과 이자 등의 금융소득 2천만 원 미만까지는 15% 원천징수되나 2천만 원을 초과하는 경우에는 종합소득세 신고를 해야 한다. 세무 대리인을 통하거나 홈택스(www.hometax.go.kr)를 이용해 인터넷으로 신고할 수 있다.

미국 주식 투자할 때 알아두면 좋은 웹사이트

1 dividend.com

미국 주식의 배당금과 배당락일 등을 알려주는 사이트. 메인 화면의 돋보기를 누르고 기업 종목코드를 입력하면 현재가 기준 배당률은 얼마인지, 얼마 동안 배당금을 늘려왔는지를 보여준다.

2 seekingalpha.com

검색창에 기업 종목코드를 입력하면 주가와 배당금 정보를 확인할 수 있다. 배당금 지급 그래프를 한눈에 볼 수 있어 편리하다.

3 etf.com

검색창에 ETF 종목코드를 입력하면 해당 ETF 정보를 알려주는 사이트. 가격/수익률 차트나 운용하는 자산의 종류와 비율, 배당률 등을 알려준다.

4 Investing.com

실시간으로 가격을 확인할 수 있으며, 한국어 서비스가 지원되어 주식시장 뉴스와 분석을 발빠르게 확인할 수 있다.

5 stockrow.com

미국 주식 개별 종목의 재무재표 데이터가 한눈에 볼 수 있게 정리되어 있다.

제 2 장

미국 주식이
최강의 투자 자산인
이유

200년간 수익률은 단연 '채권보다 주식'이었다

머니 머신을 디자인할 때 반드시 필요한 재료가 '주식'이다. 여러분이 투자에 관심을 갖는 이유는 부자가 되고 싶어서일 터인데, 제1장에서도 말했듯이 투자의 세계에서는 S&P500 ETF에 투자하는 것이 최적의 해답 중 하나로 알려져 있다. 그 이유는 과거 200년을 되돌아보면 어떤 시대든 채권보다 주식의 수익률이 더 높았으며, 이 경향은 앞으로도 계속되리라고 여겨지기 때문이다.

참고로, 이 200년에 이르는 방대한 역사를 조사한 사람은 제러미 시겔 박사다. 시겔은 저서인 《주식에 장기투자하라》에서

1802년부터 2006년까지 204년 동안 어떤 시대에나 주식이 채권의 수익률을 웃돌았음을 밝혀냈다.

1802년부터 2006년까지 204년 동안의 실질 총수익률을 살펴보면, 주식이 6.8퍼센트인 데 비해 미국 장기 국채는 3.5퍼센트, 미국 단기 국채는 2.8퍼센트였다. 또한 제2차 세계대전 이후 1946년부터 2006년까지 60년 동안의 실질 총수익률도 주식이 6.9퍼센트인 데 비해 미국 장기 국채는 1.6퍼센트, 미국 단기 국채는 0.6퍼센트로 역시 주식의 수익률이 채권을 훨씬 웃돌았다.

주식의 수익률은 채권의 두 배다!

시기		실질 총수익률(%)			물가 상승률(%)
		주식	장기 국채	단기 국채	
1802~2006		6.8	3.5	2.8	1.4
1871~2006		6.7	2.9	1.7	2.0
제1기 1802~1870		7.0	4.8	5.1	0.1
제2기 1871~1925		6.6	3.7	3.2	0.6
제3기 1926~2006		6.8	2.4	0.7	3.0
제2차 세계대전 이후	1946~2006	6.9	1.6	0.6	4.0
	1946~1965	10.0	-1.2	-0.8	2.8
	1966~1981	-0.4	-4.2	-0.2	7.0
	1982~1999	13.6	8.5	2.9	3.3
	1985~2006	8.4	7.2	1.7	3.0

일정하게 높다!　　　하락하고 있다

출처: 제러미 시겔 《주식에 장기투자하라》

그리고 주목해야 할 점은 **주식의 경우 제2차 세계대전 이전과 이후의 수익률이 거의 같았지만 채권은 제2차 세계대전 이전에 비해 이후의 수익률이 크게 떨어졌다**는 사실이다. 인플레이션(물가가 일정 기간 동안 지속적으로 오르는 현상) 때문에 채권의 수익률이 악화되었기 때문이다.

국채는 국가가 발행하는 채권이다. 투자자는 국채에 투자함으로써 미리 정해진 이자를 얻을 수 있다. 또한 원금(본래의 투자금)을 국가가 보증하는 까닭에 안전한 투자 대상으로 여겨진다. 예를 들어 수익률이 2.4퍼센트인 미국 10년 국채에 1만 달러를 투자했을 경우, 투자자는 10년 동안 2,400달러(240달러×10년)의 이자를 받을 수 있고, 10년 후에는 원금인 1만 달러를 돌려받으므로 최초에 투자했던 1만 달러가 1만 2,400달러가 된다. 또한 그 이자를 10년 동안 계속 재투자했을 경우 복리가 적용되므로 10년 후에 1만 2,676.51달러를 받을 수 있다.

이렇듯 채권은 원금이 보장되고 이자까지 받을 수 있는 장점이 있지만 **인플레이션에 약하다는 단점**이 있다. 예를 들어 10년 동안 물가 상승률이 2.4퍼센트를 유지한다면 오늘의 1만 달러는 10년 후의 1만 2,657.51달러와 같은 가치가 된다. 채권 수익률과 물가 상승률이 똑같다면 실제로는 돈을 번 것이 아니게 된다. 만약 물가 상승률이 채권 수익률을 웃돈다면 실제로는 손해를 보게 되므로, 장기적으로 인플레이션이 예상될 경우 채권에 투자해서는 돈을 벌지 못한다. 실제로 제2차 세계대전 이후의 인플레이션 국면(1946~1981년)에서 채권의 실질 총수익률은 마이너스였다.

미국의 인플레이션은 제2차 세계대전 이후부터 시작되었으며, 그전에는 인플레이션 상승이 발견되지 않았다. 이론상 채권 수익률은 인플레이션과 연동되기 때문에 인플레이션이 상승하면 채권 수익률도 상승하므로 수익에 영향을 끼치지 않는다는 인식이 있지만, 실제로는 채권 수익률이 인플레이션의 상승을 따라잡지 못한 것이다.

한편 기업의 수익은 물가 상승, 즉 인플레이션과 연동해서 확대되기 때문에 수입과 수익이 늘어난다. 또한 기업은 배당을 하고 주주는 그 돈을 재투자함으로써 총수익을 상승시킬 수 있다. 그러므로 앞으로 인플레이션이 계속된다면 주식과 채권의 실질 총수익 차이도 커질 것으로 예상된다.

여기까지 대충 건너뛰면서 읽은 사람도 이것만큼은 꼭 기억해 두기 바란다.

여러분이 부자가 되고 싶다면,
채권이 아니라 주식에 투자해야 한다

는 것이다. 만약 부자가 되고 싶다고 말하면서 채권에 투자하는 사람이 있다면 그것은 말과 행동이 다른 것이다. 그렇다고 해서 "채권 투자자는 모두 어리석다."라는 이야기가 절대 아니다. 채권 투자자들은 자신의 리스크 허용도를 고려한 뒤 채권에 투자하는 경우가 대부분이며 주식과 채권을 분산투자함으로써 리스크를 억제하고 있는 것이다.

참고로 금융의 세계에서는 리스크를 '위험도'보다는 '변동성'으로 번역한다. 크게 오를 수도 있고 반대로 크게 내릴 수도 있는 자산을 '리스크가 큰 자산'이라고 말한다. 겁이 많고 걱정이 많은 투자자라면 포트폴리오에 채권을 포함시킨다면 전체 자산의 리스크를 낮게 유지할 수 있으므로 마음이 평온할 것이다.

자신의 리스크 허용도를 넘어선 리스크와 마주하면 사람은 패닉에 빠지기 쉽다. 주가가 폭락하면 사람들이 주식을 투매한다는 뉴스를 본 적이 있을 것이다. 바로 이것이 자신의 리스크 허용도를 넘어선 운용을 한 결과 일어난 일이다.

그렇다면 개인 투자자가 더 많은 자금을 주식에 배분하려면 어떻게 해야 할까? 달리 말해, 리스크 허용도를 높이기 위해서는 어떻게 해야 할까? 결론부터 말하면 주가의 변동은 필연이라고 생각하되 최대한 보수적인 종목을 선택하는 것으로 보완할 수 있다. 금융 시장은 복잡기괴하므로 장래에 일어날 일을 정확히 예상하는 것은 불가능하다. 따라서 혹시 모를 폭락에 대비해 조금이라도 더 안정적인 대형 종목과 수비형 종목을 포트폴리오에 포함시킨다면 더 많은 자금을 주식에 집중시킬 수 있을 것이다.

참고로 '보수적인 종목'이라든가 '수비형 종목'이라는 것은 주로 생활필수품 섹터나 공익 섹터, 통신 섹터, 헬스케어 섹터처럼 생활하는 데 꼭 필요한 제품이나 서비스를 제공하는 기업들이며 대체로 경기의 동향에 크게 좌우되지 않고 안정적인 경향을 보인다.

2

배당주 투자를 하려면
미국 주식으로 해야 하는 이유

'무엇에 투자해야 할까?'에 대한 답이 '주식'이라면, 왜 일본에서는 주식 투자를 해도 부자가 되기 어려운 것일까?

1988년에 버블이 붕괴된 이래 일본 주식이 장기적으로 부진에 허덕여 왔기 때문이다(1990년 한 해에만 니케이지수는 39,000에서 20,000으로 떨어졌고 다시 이듬해 15,000으로 떨어졌다. 아베노믹스 시행 이후 주가가 오르기는 했으나 2017년 9월이 될 때까지 20,000을 넘지 못했다). 그렇다면 왜 당시 일본인들은 미국 주식을 비롯한 외국 주식에 투자하지 않았을까? 당시에는 인터넷 증권사 같은 것이 없었기 때문에 개인 투자자가 외국 주식에 접근하기 어려웠다. 그래서 대부분의 개인 투자자에게는 일본 주식으로 단기 투자를 할 것이냐 아니면 장기 투자를 할 것이냐는 두 가지 선택지밖에 없었다.

애초에 단기 투자는 제로섬 게임이다. 조금 오른다 해도 결국 수익과 손실의 합계가 제로가 되기 십상이다. 예를 들어 1달러를 걸고 가위바위보를 할 경우, 한쪽은 1달러를 벌고 다른 쪽은 1달러를 잃는다. 이득과 손해를 더하면 제로가 되므로 이것은 제로섬 게임이다. 게다가 단기 투자는 여기에 수수료가 부과되므로 결국 마이너스섬 게임, 즉 계속할수록 손해를 보는 게임이 된다. 따라서 대부분의 개인 투자자는 단기 투자를 계속하면 손해를 본다.

한편 장기 투자는 플러스섬 게임이 될 수 있다. 예를 들어 한 주의 가치가 1달러라고 평가받는 기업의 주식이 1달러(적정가격)에 팔렸다고 가정하자. 이후 그 기업의 실적이 꾸준히 늘어 한 주에 3달러의 가치가 있다고 평가하는 기업으로 성장한다면 1달러에 주식을 삼으로써 이 회사에 투자했던 투자자 전원이 3배의 수익을 손에 넣게 된다. 이처럼 주가는 기업의 실적이 좋아지는 한 지속적으로 상승하는 경향이 있기 때문에 장기 투자를 플러스섬 게임이라고 말하는 것이다.

다음 페이지의 그래프는 닛케이평균주가의 30년 차트다. 아

🔍 '지속적 상승'이라고는 절대 말할 수 없는 닛케이평균주가

장기 투자는 기본적으로 플러스섬 게임이지만……

일본인은 단기 투자는 물론이고
장기 투자로도 손해를 본 사람이 많다

닛케이평균주가 1987~2017

무리 장기 투자가 플러스섬 게임이라고 해도 기업의 실적이 지속적으로 감소한다면 플러스섬 게임이 되지 못한다. 일본은 1996년 이후 노동 생산 인구(15~64세의 일할 수 있는 사람의 수)가 늘지 않고 있다. 이에 따라 설비가 과잉 투자된 데다 대부분의 기업이 사업 축소 결단을 빠르게 내리지 못한 결과 기업의 실적은 지속적으로 악화되었다. 또한 고평가였던 가치가 저하된 것도 주가를 하락시킨 원인이 되었다.

그래서 일본인은 단기 투자로도 장기 투자로도 손해를 봤다. 이 때문에 많은 일본인이 주식 투자에 대해 나쁜 인상을 갖게 되었다. 실제로 여러분의 주변 사람들도 대부분 주식 투자를 하면 망한다, 돈만 잃는다는 식으로 생각하고 있을 것이다.

그러나 이제는 누구나 세계의 주식 시장에 쉽게 투자할 수 있게 되었다. 일본의 투자자들도 일본이라는 시장에만 속박될 필요가 없어진 것이다. 애초에 일본 주식 시장은 전 세계의 시가 총액에서 10퍼센트도 차지하지 못하는 작은 시장에 불과하다. 한편 미국의 주식 시장은 전체의 절반을 차지하고 있다. 그러므로 미국의 주식 시장을 중심으로 투자하는 것은 투자자로서 당연한 일이다.

이런 시대적 배경도 있었던 탓에 일본인이 주식에 투자해 부자가 될 수 없었던 것인데, 앞으로는 어떻게 될까? 최근의 일본 주식 시장은 아베노믹스 덕분에 전체적으로 호조를 보이고 있다. 그러나 내가 볼 때 이것은 그저 환율적인 요인에 따른 일시적인 결과가 아닌가 싶다. 다음 페이지의 차트는 2000년 이후의 닛케이평균주가와 1달러당 엔화 환율의 추이를 나타낸 것이다. 이 차트를 보면 일본 주식의 주가는 지금까지 환율과 강한 상관관계가 있어왔음을 알 수 있다. 요컨대 최근의 주가 상승은 환율 요인에 따른 것이라고 생각하는 편이 자연스러우며, 엔화 강세가 되면 일본 주식의 주가는 또다시 하락할 가능성이 있음을 쉽게 예측할 수 있다.

실적과 주가가 일시적으로 하락하더라도 일본 기업들이 배당을 안정적으로 실시한다면 저평가된 고배당주의 보유분을 늘림으로써 장기적인 총수익의 최대화를 꾀할 수 있다. 그러나 일본 기업들은 미국과 비교했을 때 사업 구조가 취약하고, 주가도 박스권에 갇혀 오르락내리락할 뿐이며 배당이 늘어나기는커녕 계속해서 배당을 줄이고 있다.

최근 언론 보도에는 '일본 주식도 연속 증배주가 많아졌다.' 같은 기사도 있는데, 금융 위기 후의 유동성 확대로 인한 강세장과 아베노믹스 경기의 뒷받침을 받고 있으니 당연한 이야기

🔍 엔화 강세가 되면 일본 주식은 하락한다?

닛케이평균주가와 1달러당 엔화 환율의 강한 상관관계

2000년 이후 닛케이평균주가와 1달러당 엔화 환율

다. 중요한 점은 실적이 나빠져서 주가가 하락했을 때에도 배당을 늘릴 수 있느냐다. 미래의 불황 국면에서도 일본 기업이 꾸준히 배당을 줄지 어떨지는 아무도 알 수 없다. 다만 지금까지 배당을 줄여 온 일본 기업이 '다음에는 안 줄이겠지'라고 기대하며 투자하는 행동은 현명한 판단이라고 볼 수 없다. 그보다는 닷컴 버블 붕괴나 100년에 한 번 올까 말까 한 수준의 금융 위기 속에서도 증배를 거듭해 온 미국 주식에 기대하고 투자하는 편이 현명하다. 미국은 금융 위기에도 배당을 줄이지 않고 꾸준히 늘려온 기업이 수없이 많다. 그런 기업의 주식을 선택하는 것이 재산을 늘리는 데에도 도움이 되지 않겠는가?

배당성향과 배당수익률이란?

배당금은 기업이 기업 활동을 통해 벌어들인 이익을 주주에게 정기적으로 나누는 분배금이다.

＊배당성향(Payout Ratio)은 기업의 당기 순이익 중 배당금으로 지급된 금액의 비중을 말한다. 배당지급률 또는 사외분배율이라고 부르기도 한다. 배당금을 받기 위해 주식 투자를 한다면 그 기업의 배당성향을 알아야 한다. '배당성향이 낮다'는 것은 배당금을 적게 지급한다는 뜻이다.

배당성향 = (배당금 총액/당기 순이익)×100(%)

(ex) 당기 순이익 100억, 배당금 총액 30억일 경우 배당성향은 30%다.

＊배당수익률은 연간 배당금을 주가로 나누었을 때의 비율이다. 즉 주식 1주당 가격 대비 배당금의 비율을 나타낸다.

배당수익률 = (주당 배당금/현재 주가)×100(%)

(ex) A주식이 1주당 10,000원이고, 배당금을 1,000원 지급할 경우 배당수익률은 10%다.

＊배당주기는 연간 배당하는 횟수를 뜻한다. 미국 기업은 1년에 4회(분기당 1회) 배당을 하는 데 반해, 한국 기업은 대부분 1년에 1회 배당을 실시한다.

한국 기업의 배당률은 OECD 국가는 물론 아시아 신흥국보다 낮다. 2017년 코스피 기업의 배당률은 1.86%에 불과했다. 호주(5.0%) 영국(4.0%) 대만(4.3%)의 절반에도 못 미치고 미국(2.1%)과 일본(2.2%)에도 뒤진다. 심지어 중국(2.6%) 기업도 한국보다 배당을 많이 한다. NH투자증권이 2017년 조사한 것에 따르면 한국 상장사 배당성향 평균은 16.02%로, 조사 대상 46개국 중 가장 낮았다. 미국(38.62%), 일본(34.08%), 중국(30.87%), 인도(30.21%)보다 낮다.

3

배당을 대하는
기업 문화의 차이

저자인 나도 처음에는 일본 주식에 투자했는데, 당시 '일본의 버핏 종목'을 찾아내고자 각 회사의 유가 증권 보고서를 닥치는 대로 읽었다. 그럴수록 일본 주식은 정말로 가망이 없다는 생각이 강해졌다. 저명한 투자자인 워런 버핏이 말하는 '와이드 모트(Wide Moat: 경쟁 우위성이 높은)' 종목이 일본 주식시장에는 전혀 보이지 않았던 것이다.

그런데 미국 주식으로 눈을 돌리니 진입 장벽이 높고 경쟁 우위성이 있으며 압도적인 네트워크 효과와 시장 점유율, 높은 영업 이익률을 자랑하는 종목이 발에 채일 만큼 흔했다. 게다가 자본 효율을 나타내는 ROE(자기 자본 이익률)도 전체적으로 높았고, 25년 이상 연속으로 증배를 달성한 기업의 수도

미국은 100개 이상인데 일본은 한 회사뿐

이었다.

진심으로 어처구니가 없었고, 그렇다면 미국 주식에 투자하는 편이 낫겠다는 생각이 자연스럽게 들었다.

이것은 2008년에 아이폰이 일본에 처음 상륙했을 때의 충격과 비슷했다. 그때 수많은 업계 관계자가 일본의 핸드폰 제조 기업이 도태될 것임을 깨달았고, 실제로 그렇게 되었다. 자신에게 가장 좋은 상품이 무엇인지 고려할 때 반드시 국산이어야 할 필요는 없다. 디자인이나 조작성을 생각하면 아이폰은 많은 사람에게 독보적인 넘버원이었다.

내가 일본 주식이 아닌 미국 주식에 투자하는 이유도 이와 같다. 경영 지표나 주주 환원에 대한 자세 등 어떤 부분을 살펴보더라도 일본 주식은 미국 주식의 상대가 되지 못한다. 아이폰 등장 이후 핸드폰 사용자들이 자연스럽게 아이폰과 스마트폰을 선택했듯이 나 역시 필연적으로 미국 주식에 투자하게 된 것이다.

코카콜라의 독보적인 영업 이익률

각 음료 회사의 영업 이익률

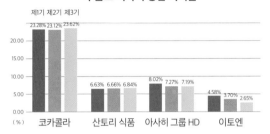

제1기 제2기 제3기

코카콜라: 23.28% 23.12% 23.62%
산토리 식품: 6.63% 6.66% 6.84%
아사히 그룹 HD: 8.02% 7.27% 7.19%
이토엔: 4.58% 3.70% 2.65%

P&G와 가오의 차이는 10% 이상!

각 생활용품 회사의 영업 이익률

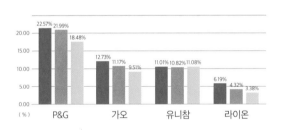

P&G: 22.57% 21.99% 18.48%
가오: 12.73% 11.17% 9.51%
유니참: 11.01% 10.82% 11.08%
라이온: 6.19% 4.32% 3.38%

존슨앤드존슨의 영업 이익률은 무려 약 30퍼센트!

각 헬스케어 회사의 영업 이익률

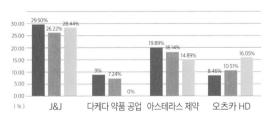

J&J: 29.50% 26.22% 28.44%
다케다 약품 공업: 9% 7.24% 0%
아스테라스 제약: 19.89% 18.14% 14.89%
오츠카 HD: 8.46% 10.51% 16.05%

모두 2014년 12월기~2016년 12월기

경영 지표나 주주 환원에 대한 자세가 얼마나 다른지에 관해서는 앞 페이지의 음료 회사, 생활용품 회사, 헬스케어 회사의 영업 이익률을 나타낸 그래프를 보기 바란다.

어떤가? 영업 이익률로만 놓고 봐도 미국과 일본을 비교하면 일본 주식은 거의 쓰레기로 보이지 않는가?

그래프는 전부 각 회사의 영업 이익률을 비교한 것인데, 영업 이익률이 높다는 말은 그만큼 경영 우위성이 높은 비즈니스 모델을 구축하고 수익이 나는 사업을 보유했음을 의미한다. 반대로 영업 이익률이 낮다는 말은 경쟁 우위성이 낮아서 가격 경쟁을 강요받고 있으며 경영에 대한 압박이 심하다는 뜻이다. 참고로 영업 이익률은 15퍼센트 이상이 바람직한데, 그래프를 보면 3기 연속으로 이 수준을 달성한 곳은 모두 미국의 세 회사뿐이며 9개나 되는 일본 회사는 단 한 곳도 달성하지 못했다.

또한 배당에 관해서도 마찬가지인데, 코카콜라는 54년 연속 증배, 프록터앤드갬블(P&G)은 61년 연속 증배, 존슨앤드존슨은 54년 연속 증배로서 반세기 이상에 걸쳐 매년 배당금을 늘려왔다. 한편 일본 주식은 배당에 소극적이고, 회사가 조금만 어려워져도 감배(減配), 즉 배당을 줄였기 때문에 25년 이상 연속으로 증배를 실시한 기업이 앞에서 이야기했듯이 생활용품 회사인 가오밖에 없다.

그런데 왜 미국 주식은 배당에 적극적이고 일본 주식은 배당에 소극적일까? 그 이유는 양국의 서로 다른 경영관에서 기인한 바가 큰 것으로 생각된다. 일본에서는 기업의 실적에 대해 '주주 연대 책임' 정신이 강하기 때문에 경영진은 "불황이니 어쩔 수 없잖아? 주주도 책임을 함께 져야지."라고 말하는 듯이 아무렇지도 않게 배당을 줄인다. 한편 미국에서는 감배를 실시하면 경영진에게 '경영 실격'이라는 낙인이 찍히기 때문에 쉽게 배당을 줄이지 못한다.

한국의 배당주 현황

분기 배당(1년에 4회)

종목명	현재가	배당율
삼성전자	56,400	3.6%
쌍용양회	5,720	5.7%
두산	42,200	8.2%
POSCO	193,000	3.2%
코웨이	84,000	4.1%
한온시스템	13,200	2.7%
씨엠에스에듀	5,780	5.2%

반기 배당(1년에 2회)

종목명	현재가	배당율
한국기업평가	85,300	12.1%
유아이엘	3,780	9.6%
하나금융지주	28,550	7.8%
태경산업	4,895	7.6%
진양홀딩스	2,440	7.3%
KPX홀딩스	41,200	5.8%
청담러닝	28,050	5.1%

SK텔레콤	246,500	4.8%
현대자동차	164,000	4.2%
한솔제지	12,950	3.6%
KCC	140,000	3.4%
SK이노베이션	155,500	3.0%
롯데지주	29,950	2.8%
SK	215,500	2.7%
리드코프	6,380	2.6%
위닉스	18,400	2.3%
현대모비스	217,000	2.27%
해마로푸드서비스	2,680	1.82%

현재가는 2020년 7월 말 기준

※ 위 기업들의 배당 지속성 여부는 알기 어려우므로, 투자 전 반드시 개별적으로 체크
해야 한다.

※ 코로나19로 인한 실적 하락과 불확실성으로 인해 기존 배당 기업들이 배당을 축소
하고 있다. 2020년 8월 기준, 에쓰오일, SK이노베이션, 현대자동차, 현대모비스, 두
산이 중간배당을 하지 않는다고 발표했다.

4

환율과 세금 리스크,
과장된 거짓말에 속지 마라

항간에는 미국 주식에 투자하는 것이 일본 주식에 투자하는 것보다 리스크가 크다는 이야기가 마치 정설처럼 돌아다니고 있다. 아마도 이 책을 읽는 독자 중에도 그런 생각을 갖고 있는 분이 있을 것이다. 분명히 미국 주식 투자에는 리스크가 있다. 그것은 미국 주식이기 때문이 아니라 '투자'이기 때문이다. 따라서 "미국 주식이 일본 주식보다 리스크가 크다."라는 것은 새빨간 거짓말이다.

① 과장된 환율 리스크

먼저 미국 주식의 환율 리스크에 관해 생각해 보자. 예를 들어 주가가 상승하는 와중에 달러 약세가 되면 '어라? 주가는 올랐는데 결국 벌어들인 돈은 한 푼도 없네?'라는 상황이 일어날 수 있다. 또한 주가 상승과 달러 강세가 겹치면 두 배의 수익을 거둬 생각보다 훨씬 큰돈을 벌어들일 수도 있으며, 주가 하락과 달러 약세가 겹치면 생각보다 훨씬 큰 손해를 볼 수도 있다.

최근의 예를 들면 2016년 4월 중순부터 6월 말에 걸쳐 다우존스지수가 1만 8,167달러에서 1만 7,331달러로 4.6퍼센트 정도 하락한 국면이 있었다. 이때 환율이 1달러당 122엔에서 100엔으로 변동하며 달러의 가치가 크게 떨어지는 바람에 엔화 표시 미국 주식 자산의 가격은 무려 14.8퍼센트나 감소했다.

다우존스지수는 5퍼센트도 하락하지 않았는데 내 자산은 15퍼센트 가까이 감소한 것이었기 때문에 '나름' 충격적이었다. '나름'이라고 말한 이유는 내 자산이 전체적으로 봤을 때 꾸준히 증가 중이기는 하지만 증가와 감소를 반복적으로 경험하고 있어 감소한다 해도 큰 충격을 받지는 않았기 때문이다. 이런 식으로 환율이 원인이 되어 자산이 예상보다 더 크게 변동하는 경우도 있기는 하다.

그러나 이것은 미국 주식의 리스크가 아니며, 일본 주식에 투자하더라도 환율 리스크는 당연히 존재한다. 앞의 68페이지로 돌아가서 닛케이평균주가와 1달러당 엔화 환율의 상관관계를 보면 알 수 있지만, 엔화 약세가 진행되면 일본 주식의 주가는 상승하며 엔화 강세가 진행되면 주가는 하락한다. 다시 말해 일본 주식도 환율 리스크가 존재하는 것이다. 실제로 미국 주식 자산이 엔화 표시 기준으로 예상보다 더 감소한 2016년 4월 중순부터 6월 말까지 닛케이평균주가 또한 14퍼센트나 오르내렸다.

미국 주식에 투자할 때 미리 환율 리스크를 분산시키는 방법도 있다. 글로벌 기업에 투자하면 가능하다. 예를 들어 미국 프록터앤드갬블의 2017년 6월기 지역별 매출액 구성비를 보면 미국 내(內)가 41.9퍼센트, 미국 외(外)가 58.1퍼센트로서 매출액의 절반 이상을 해외에서 벌어들였고, 말보로 담배를 제조·판매하는 필립 모리스 인터내셔널은 전체 매출액의 100퍼센트를 미국 외에서 벌어들였다. 이런 글로벌 기업에 투자하면 환율 리스크를 분산시킬 수 있다.

② 과장된 세금 리스크

다음은 세금의 리스크다. 앞에서 이야기했듯이, 미국 주식에 투자할 경우 양도세는 매매 차익의 22퍼센트이지만 배당금은 미국과 일본에서 이중 과세되기 때문에 현지 과세로 10퍼센트가 차감된다. 이것이 미국 주식 투자가 일본 주식 투자에 비해 불리하다는 말이 나오는 이유 중 하나다(한국의 양도세는 22퍼센트, 배당소득세는 15퍼센트로 미국 원천징수다. 자세한 내용은 54~55페이지 참조).

사실 현지 과세 10퍼센트 가운데 절반 정도는 확정 신고로 돌려받을 수 있으므로 실질적으로는 5퍼센트 정도가 된다. 다만 아래의 차트를 보면 '세금 제도상 불리하다'는 의견은 틀렸음을 알 수 있을 것이다. 아래 차트는 2000년 1월부터 2017년 7월

🔍 세금 제도상의 불리함을 메우고도 남는 S&P500지수

2000년 1월을 지수 100으로 놓았을 때

엔화 표시 S&P500은 2000년부터 +96%

닛케이평균주가는 2000년부터 +15%

━━ 엔화 표시 S&P500   ━━ 닛케이평균주가

엔화 표시 S&P500 / 닛케이평균주가

까지의 엔화 표시 S&P500지수와 닛케이평균주가를 나타낸 것이다. 2000년 1월을 지수 100으로 놓았다.

이 차트를 보면 엔화 표시 S&P500지수가 96.45퍼센트 상승한 데 비해 닛케이평균주가는 고작 15.65퍼센트 상승하는 데 그쳤다. 여기에 각각 배당 수익률 2퍼센트를 가산했다고 가정했을 때, 각각 세금을 차감하더라도 세후 배당 수익률은 미국 주식의 경우 1.5퍼센트가 되고 일본 주식의 경우 1.6퍼센트가 되므로 거의 차이가 없다. 게다가 일본 주식은 조금만 상황이 나빠져도 쉽게 감배를 실시하므로 경우에 따라서는 미국 주식의 배당 수익률이 높아질 수도 있다.

다시 말해, 현지 과세로 인해 5퍼센트 정도의 불이익을 본다 해도 미국 주식이 일본 주식보다 불리해지지는 않는 것이다. 또한 넓은 지역에 사업을 분산시킨 글로벌 기업에 투자한다면 환율 리스크도 경감시킬 수 있다. 따라서 미국 주식이 일본 주식보다 리스크가 크다거나 불리하다는 의견은 틀렸음을 알 수 있을 것이다.

5

이제부터 미국 주식 투자는
기본이 된다

독자 중에는 '자기가 미국 주식에 투자하고 있으니까 우리도 끌어들이려고 약 파는 거 아니야?'라든가 '미국 주식 투자도 유행이라 지금 들어가면 늦는 것 아니야?'라고 생각하는 사람도 적지 않을 것이다.

전자의 경우, 반대로 내가 미국 주식에 투자하지 않으면서 "미국 주식 좋아요!"라고 말했다면 "그렇게 좋으면 네가 하든지."라는 대답이 돌아왔을 터이므로 어떤 말을 듣든 신경 쓰지 않는다. 다만 후자의 경우 '미국 주식 투자는 유행일 뿐이다. 시간이 지나면 아무도 미국 주식에 투자하지 않을 것'이라고 진심으로 생각한다면 그것은 완전한 착각이라고 단언할 수 있다.

지금 일본의 개인 투자자 사이에서는 일본 주식에서 미국 주식으로 넘어가는 투자 트렌드의 거대한 변화가 일어나고 있다. '정말로?'라고 의심할지도 모르지만 사실이다. 아래 표는 일본 개인 투자자의 연령별 구성비를 나타낸 것인데, 표를 보면 4분의 3 이상이 50세 이상이며 절반 이상이 60대 이상임을 알 수 있다. 다시 말해 일본의 평균적인 개인 투자자란 60대 이상의 시니어 투자자를 가리킨다는 뜻이다.

🔍 원시인처럼 전화로 거래하고 있는 투자자도 많다

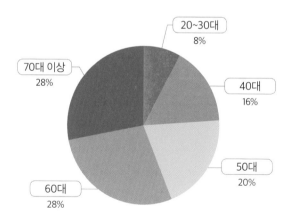

일본 개인 투자자의 연령별 구성비

- 20~30대 8%
- 40대 16%
- 50대 20%
- 60대 28%
- 70대 이상 28%

※ 일본의 개인 투자자의 3/4은 50대 이상!

그들은 원시인처럼 아직도 전화 주문으로 거래를 하고 있으며, 여전히 일본 주식만으로 포트폴리오를 구성하고 있다. 물론 이제 와서 익숙하지도 않은 외국 주식에 도전하려는 생각은 들지 않을 터이므로 이대로 평생 일본 주식만으로 운용할 것이다. 그러나 20~40대를 중심으로 한 현역 세대는 다르다. 현역 세대는 ETF나 인덱스 펀드를 이용해서 외국 주식에 폭넓게 분산투자를 하고 있으며 투자 스타일이 장기 투자인 경우가 많다. 그렇다면 이 세대가 60대가 되었을 때, 즉 평균적인 일본의 개인 투자자가 되었을 때 외국 주식에 대한 분산투자를 멈추고 일본 주식에 집중투자할까? 물론 그럴 리는 없다.

　미국 주식을 중심으로 전 세계의 다양한 자산에 폭넓게 분산투자를 하고 있는 현역 세대는 앞으로도 계속 세계를 대상으로 분산투자를 할 것이다. 그렇게 보면 '미국 주식 유행이 끝나면 아무도 미국 주식에 투자하지 않을 것'이라는 의견은 틀렸으며, 일본의 20~40대가 미국 주식을 중심으로 세계의 주식에 분산투자하는 것은 한때의 유행이 아닌 앞으로 기본이 될 것이다.

6

인플레이션을 이겨내고
부를 축적하는 투자법

앞에서 이야기했듯이, 단기 투자는 기본적으로 제로섬 게임이다. 일본 주식시장에서 단기 매매를 하는 액티브 투자자(시장 평균 이상의 수익을 지향하는 투자자)의 수가 20만 명 이상이라는 점이나 투자자 전체의 75퍼센트 이상이 100만 엔 이상의 주식을 보유하고 있다는 점을 생각하면 주식 투자로 몇백 명의 억만장자가 탄생해도 전혀 이상하지 않으며, 확률적으로는 자연스러운 일이다. 그도 그럴 것이, 10만 명 정도의 투자자가 수백 명에 불과한 억만장자 투자자를 위해 손해를 보고 있기 때문이다.

억만장자 투자자 중에는 정말로 운용 능력이 뛰어난 사람도 있을지 모르지만, 대부분은 어쩌다 보니 운이 좋아서 억만장자가 된 것이다. 그런데 그런 사람일수록 텔레비전이나 잡지의 취재에 응해서 어떻게 해서 자신이 억만장자가 되었는지 투자 비법을 의기양양한 표정으로 언론에 이야기한다.

그렇게 으스댈 수 있는 것도 주식 시장이 전체적으로 상승하고 있을 때뿐이다. 2008년 금융 위기가 왔을 때 그 많던 억만장자 투자자가 소리소문없이 사라졌다. 그들에게 애초에 투자 비법 같은 것은 없었고 운 좋게 상승장에 올라탔을 뿐임을 알 수 있다.

그런데 한심한 투자자들은 그런 투자 비법을 철석같이 믿으며, 젊은 나이에 성공한 억만장자 투자자들을 동경하면서 단기 매매에 뛰어든다. 경우에 따라서는 신용 거래까지 이용하기도 한다.

그런 것은 투자가 아니라 도박이다!

물론, 손해를 보더라도 만화 《도박묵시록 카이지》의 주인공 카이지처럼 '분하다, 분해! 하지만 괜찮아!'라고 말하며 털고 일어설 수 있는 멘탈을 가졌다면 상관이 없다. 하지만 99.9퍼센트는 분명히 비명을 지르며 괴로워하게 될 것이다. 주식 투자를 위해 신용거래까지 끌어들이는 것은 절대 좋은 결과를 가져올 수 없다.

그래서 나는 기회가 있을 때마다 블로그에서 "단기 투자는 하지 마세요."라는 똑같은 잔소리를 지겹도록 하고 있다. 그러면 사람들은 대안은 제시하지 않고 반대만 하는 야당처럼 반대만 하지 말고 단기 투자 대신 뭘 해야 할지 가르쳐 달라고 하는데, 그럴 때 내가 99.9퍼센트의 사람에게 권하는 것이 미국 주식 투자, 그중에서도 장기 배당 투자다.

백문이 불여일견이라는 말도 있으니 먼저 옆 페이지의 차트를 보기 바란다. 1802년부터 2012년까지 주식, 장기 채권, 부동산, 금, 미국 달러의 배당 재투자 포함 실질 총수익률의 추이다. 이 차트를 보면 주식은 연평균 6.6퍼센트로 일관되게 상승해, 최초에 투자한 1달러가 210년 후에는 무려 70만 4,997달러가 되었음을 알 수 있다. 그에 비해 채권은 1,778달러, 부동산(REITs)은 281달러를 기록했을 뿐이다. 1942년 이후 금은 4.52달러, 그리고 미국 달러는 0.05달러로, 70년 사이에 95퍼센트나 감소했다는 것도 알 수 있다. 제2차 세계대전 이후 인플레이션이 가속화되면서 채권이나 부동산의 수익률은 상승이 둔화된 반면에 주식은 일관적으로 성장률이 유지된 것 역시 차트에서 알 수 있다.

🔍 210년 동안의 통계가 증명하는 주식 투자의 우위성

주식, 장기 채권, 단기 채권, 금, US달러의 실질 수익률(1802~2012년)

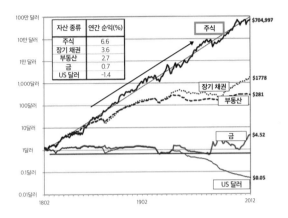

자산 종류	연간 순익(%)
주식	6.6
장기 채권	3.6
부동산	2.7
금	0.7
US 달러	-1.4

출처: 제러미 시겔 《주식에 장기투자하라》

이것은 주식이 인플레이션과 디플레이션에 모두 대응 가능한 반면, 채권이나 부동산은 인플레이션에 약하다는 것을 증명하는 결과다.

앞으로 세계 경제에 유동성이 증가하고 인플레이션이 더욱 진행될 것으로 예상된다는 점을 생각하면 주식을 장기 보유하는 것은 필연적인 선택이다. 채권이나 부동산은 자산 배분 차원에서 단기로 보유하더라도 장기 보유는 하지 말아야 한다. 특히 금융 위기 후 미국 연방준비은행(FRB)과 일본은행이 달러와 엔

을 대량으로 뿌리고 있음을 생각하면 달러나 엔의 가치가 점점 하락할 것임은 쉽게 예상할 수 있기 때문에,

'자금 운용을 예금에만 의지했다가는 큰일 나겠구나.'

정도는 누구나 깨닫고 있을 것이다.

설령 인플레이션이 예상보다 덜 진행되더라도 인플레이션이 거의 보이지 없었던 1802년부터 1920년까지 주식의 수익률이 호조였음을 생각하면 역시 주식 이외의 선택지는 없다고 할 수 있다.

그리고 미국 주식은 배당금을 계속 재투자하기만 해도 장기적으로 6~7퍼센트 정도의 수익을 기대할 수 있다. 따라서 부자가 되고 싶다면 도박이나 다름없는 단기 매매보다 미국 주식에 꾸준히 투자하고 배당금을 재투자하는 장기 투자를 선택하는 편이 더 현명하다.

7

개미라면 꼭 알아야 하는
인덱스 펀드와 ETF의 다섯 가지 차이점

개인 투자자에게 최적의 투자 전략은 미국 주식을 중심으로 세계 주식 시장에 분산투자하고 배당금을 계속 재투자하는 것인데, 많은 개인 투자자가 종목을 잘못 선택하거나 좋지 않은 타이밍에 매매하는 등의 실수를 해 수익률을 악화시킨다. 그렇기에 투자의 세계에서는 개인 투자자가 개별 종목에 투자하기보다 패시브 운용을 하는 편이 좋다고 알려져 있다.

'패시브 운용'은 무엇일까? 주가 지수와 연동되는 인덱스 펀드나 ETF에 투자하는 것을 말한다. 이를테면 S&P500지수와 연동되도록 디자인된 'iFree S&P500 인덱스'나 '뱅가드 S&P500

ETF(VOO)' 등에 투자하는 것이다. 이런 상품에 투자하면 소액
으로도 미국의 주요 기업 500곳에 분산투자할 수 있기 때문에
개인 투자자도 폭넓게 분산투자를 할 수 있다. 참고로 인덱스
펀드와 ETF에는 크게 다섯 가지의 차이점이 있다.

① 구입 수수료

펀드나 운용 회사에 따라 다르기는 하지만, 최근에는 노로드
펀드(No-load Fund)라고 해서 판매 수수료가 무료인 저비용 펀
드도 증가했다. 한편 ETF는 각 증권사의 수수료율에 따라 수수
료가 부과된다. 다만 연금을 운용하는 NISA(비과세) 계좌로 구
입하면 매수 수수료가 무료가 되므로 매수 수수료의 측면에서
인덱스 펀드에 비해 ETF가 무조건 불리한 것은 아니다.

② 최저 구입 가격

최근 들어 인덱스 펀드 중 최소 금액 100엔부터 시작할 수
있고 1엔 단위로 구입할 수 있는 펀드가 늘어났다. 한편 ETF는
각 ETF의 가격이나 단원주(單元株) 수에 따라 차이가 있는데, 예
를 들어 '뱅가드 S&P500 ETF(VOO)'(단원주 수:1)의 가격이 250달
러라면 투자를 위해서는 최소 250달러가 필요하다. 인덱스 펀
드처럼 1엔 단위로 돈이 생길 때마다 구입하지 못하고 일정 금

액을 모아야만 구입할 수 있다. 따라서 소액으로 시작해 적립식으로 투자하고 싶은 사람은 ETF보다 인덱스 펀드에 투자하는 편이 좋다.

③ 신탁 보수

투자자가 운용 회사에 매년 지급하는 운용 비용이다. 인덱스 펀드든 ETF든 운용하는 회사가 있기 마련이므로 당연히 운용에 대한 수수료를 내야 한다. 신탁 보수는 인덱스 펀드보다 ETF가 조금 더 저렴하다. 앞에서 소개한 'iFree S&P500 인덱스' 와 '뱅가드 S&P500 ETF(VOO)'를 예로 들면 신탁 보수가 각각 0.243퍼센트와 0.04퍼센트로 그 차이가 무려 6배에 이른다. 그런 까닭에 장기 투자를 전제로 한다면 인덱스 펀드보다 ETF가 더 저렴한 비용으로 운용할 수 있다.

④ 유동성

ETF는 주식처럼 매 순간 매매가 가능하기 때문에 유동성이 높다. 한편 인덱스 펀드는 기준 가격이 하루에 한 번 산출되기 때문에 얼마에 사서 얼마에 팔았는지를 그 자리에서 바로 알 수 없다. 자주 매매를 하고 싶다면 인덱스 펀드보다 ETF를 추천한다.

⑤ 배당금의 재투자

인덱스 펀드와 ETF 모두 배당금을 받을 수 있다. ETF의 경우 바로 자신의 계좌에 배당금이 입금되는 데 비해 인덱스 펀드는 '수취형'과 '재투자형'을 선택할 수 있다. 투자 수익을 최대화하고 싶다면 배당금을 재투자하는 것이 좋다. '재투자형'을 선택해 기계적으로 재투자하는 편을 추천한다.

인덱스 펀드와 ETF는 이런 차이점이 있기는 하지만, 기본적으로 모두 S&P500지수 등 벤치마크(운용 성적의 평가 기준)와의 연동을 지향하는 '패시브 운용'이다. 한편 벤치마크를 웃도는 성과를 지향하며 개별 종목에 투자하는 스타일을 '액티브 운용'이라고 한다.

그러나 개인 투자자는 개별 종목에 투자하거나 전문 펀드 매니저가 운용하는 액티브 펀드에 투자하기보다 그냥 ETF나 인덱스 펀드에 투자하고 장기적으로 보유하는 편이 훨씬 나은 결과를 얻을 수 있다. 다음 페이지의 그래프는 1970년에 존재했던 주식 투자 신탁 358개 중에서 2013년까지 살아남은 펀드의 숫자와 그중 몇 개가 S&P500을 웃도는 실적을 냈는지를 조사한 것이다. 이 그래프를 보면 358개 가운데 76.5퍼센트에 해당하는 274개가 사라지고 84개(23.5퍼센트)만이 살아남았음을 알

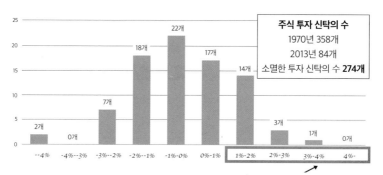

투자 신탁의 성적이 시장 평균을 1퍼센트 이상 웃돌 확률은 불과 5퍼센트

살아남은 주식 투자 신탁의 성적
(연평균 수익률과 S&P500의 비교)

> **주식 투자 신탁의 수**
> 1970년 358개
> 2013년 84개
> 소멸한 투자 신탁의 수 **274개**

살아남은 투자 신탁 84개 가운데 S&P의 수익률을 1퍼센트 이상 웃돈 것은 불과 18개

출처: 버턴 말킬 《랜덤워크 투자수업》

수 있다. 또한 살아남은 84개 펀드 가운데 66개가 S&P500의 수익률보다 떨어졌다. S&P500보다 1퍼센트 이상의 초과수익률을 거둔 투자 신탁은 18개뿐인데, 이것은 1970년 시점에 존재했던 358개 중 5퍼센트에 불과한 숫자다. 다시 말해 투자 신탁에 투자해도 시장 평균을 1퍼센트 이상 웃돌 확률은 5퍼센트밖에 안 된다는 말이다. 그러므로 대부분의 개인 투자자는 주식 투자 신탁에 돈을 맡기기보다 패시브 운용을 하는 인덱스 펀드나 ETF에 투자하는 편이 현명한 선택이라고 할 수 있다.

그렇다면 왜 투자 전문가라 할 수 있는 펀드 매니저가 시장 평균을 이기지 못하는 것일까? 이것은 1960년에 시카고 대학의 유진 파마 교수가 발표한 '효율적 시장 가설'로 설명할 수 있다. '효율적 시장 가설'이란, 주식 등의 자산은 온갖 정보가 순식간에 반영되어 항상 적정한 가격이 붙기 때문에 아무도 시장을 앞질러 갈 수 없다는 생각이다. 예를 들어 투자자가 아무리 독자적인 조사와 분석에 입각해서 숨겨진 유망 종목을 발굴해내더라도 주가에는 미래의 가치가 이미 담겨 있기 때문에 앞으로 주가가 오를지 어떨지는 50퍼센트의 확률이라는 것이다.

나는 '효율적 시장 가설'을 맹신하지는 않지만 대체적으로는 옳다고 생각한다.

효율적 시장 가설론자들은 주식 투자로 큰 이익을 내는 것은 가위바위보에서 10번 연속으로 이기는 것과 마찬가지이며, 확률적으로는 참가자가 1,024명이 있을 때 한 명 정도에만 해당되는 행운일 뿐이다. 그래서 누군가가 "주식 투자를 해서 자산을 두 배로 불렸습니다!"라고 자랑하면 나는 "어쩌다 보니 운 좋게 벌었을 뿐인데, 자기가 천재 투자자인 줄 착각하는 어리석은 녀석이네."라며 비웃는다.

이에 대해 효율적 시장 가설의 반대론자들은 "만약 효율적 시장 가설이 옳다면 왜 버블이나 대폭락 같은 일이 일어날까? 그리고 워런 버핏은 '시장이 효율적이었다면 나는 지금쯤 거지가 되었을 것이다'라고 말했는데?"라고 반론을 펼친다.

그러면 효율적 시장 가설론자들은 "버핏은 예외일 뿐이고, 애초에 그는 투자자가 아니라 경영자야."라고 말하며, 버블이나 폭락에 대해서도 "장기적으로 보면 수익은 평균값과 같은 수준에 수렴해."라고 반박한다. 그리고 아래의 그래프를 증거로 제시하며 "시장이 효율적이 아니라면 왜 전문 펀드 매니저들은 시장 평균만도 못한 성적을 낼까?"라고 결정타를 날린다. 여기에는 효율적 시장 반대론자들도 입을 다물고 만다. 실제로 전문 펀드 매니저조차도 장기적으로는 시장을 앞지르지 못해 투자

🔍 투자의 세계는 패시브 운용의 시대로 돌입하고 있다

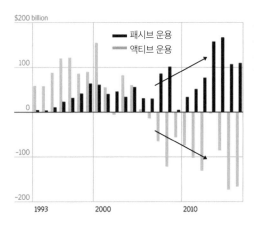

특히 2000년대 후반부터 패시브 운용으로 자금이 유입되고, 액티브 운용에서는 자금이 유출되는 현상이 두드러지고 있다.

출처: 모닝스타

실적이 시장 평균을 밑돌고 있다.

그래서 개인 투자자들은 개별 종목에 투자하기보다 패시브 운용을 하는 편이 현명하다는 것을 깨닫고 주식 투자 신탁에서 인덱스 펀드나 ETF로 갈아타고 있다. 다시 한 번 앞 페이지의 그래프를 보기 바란다. 패시브 펀드로 자산이 대량으로 유입되고 있는 데 반해 액티브 펀드에서는 자금이 대량 유출되고 있음을 알 수 있다. '효율적 시장 가설'이 옳은가 옳지 않은가는 둘째 치고, 액티브 펀드에서 패시브 펀드로 넘어가는 흐름은 앞으로 더욱 가속화될 것으로 예상한다. 투자의 세계는 패시브 운용의 시대로 돌입했다고 할 수 있다.

8

세계적 투자자들이 추천하는 포트폴리오

여기까지 읽었다면, 개인 투자자는 S&P500 ETF를 중심으로 한 포트폴리오를 디자인하고, 그것을 장기적으로 보유하면서 배당을 계속 재투자하는 방법이 좋다는 것을 어렴풋이 깨달았을 것이다. '그게 다야? 정말 그렇게 간단해?'라고 생각할지도 모르지만, 실제로 수많은 저명한 투자자도 S&P500 ETF를 포함한 패시브 운용 방식을 추천하고 있다.

예를 들어 '헤지펀드의 제왕'으로 불리는 레이 달리오는 개인 투자자에게 다음 페이지의 포트폴리오를 추천한다. 그가 추천하는 포트폴리오를 보면, 미국 주식(S&P500 ETF)의 비율이

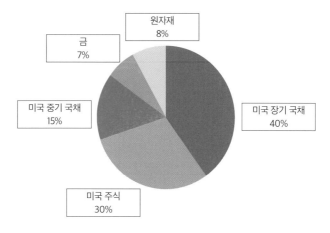

레이 달리오가 개인 투자자에게 추천하는 포트폴리오

30퍼센트인 데 비해 미국 중기·장기 국채의 비율이 55퍼센트로 채권의 비중이 높음을 알 수 있을 것이다. 이에 대해 그는 주식의 변동 리스크가 채권의 약 세 배에 이르므로 **개인 투자자는 리스크를 줄이기 위해 채권을 많이 보유하는 편이 좋다**고 설명한다. 또한 인플레이션이 가속화될 때 하락하기 쉬운 주식과 채권의 리스크를 줄이기 위해 금과 원자재(Commodity)를 포함시키는 등 온갖 경기 국면에 모두 대응할 수 있도록 포트폴리오를 디자인했다고 한다.

한편 뱅가드 그룹의 창업자이며 인덱스 펀드의 창시자인 존

보글이 추천하는 포트폴리오는 채권을 자신의 연령과 같은 비율로 맞추는 것이다. 가령 30대 투자자라면 미국 주식(S&P500 ETF) 70퍼센트, 미국 국채 30퍼센트 비율이다.

투자의 신으로 불리는 버핏도 S&P500 ETF에 투자할 것을 추천하고 있다. 버핏은 2014년에 공개한 〈주주에게 보내는 편지〉에서 "세계의 우량 기업을 커버하는 인덱스 펀드에 투자하고 장기 보유하라"는 것이 개인 투자자에 주는 유일한 조언이라고 했다. 또한 자신이 죽은 뒤에 아내에게 남기는 유산의 90퍼센트는 미국 주식(S&P500 인덱스 펀드)에, 10퍼센트는 미국 단기

🔍 버핏은 미국 주식을 90퍼센트 보유할 것을 권했다

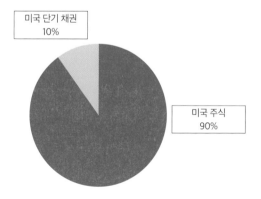

워런 버핏이 개인 투자자에게 추천하는 포트폴리오

국채에 투자하라고 명시했으며 이런 자산 배분은 개인 투자자에게도 현명한 선택이라고 말했다.

버핏은, 장기적으로 보면 이 포트폴리오로 어떤 펀드 매니저나 연금 펀드보다 큰 수익을 얻을 수 있다고 믿었다. 실제로 2006년, 버핏은 헤지펀드를 상대로 "지정한 펀드 5개와 S&P500 인덱스 펀드 중 어느 쪽의 향후 10년 수익률이 더 높을지 100만 달러를 걸고 내기하자."라고 제안했다. 2007년에 미국의 헤지펀드인 프로테제 파트너스가 이 내기에 응했는데, 그 결과 프로테제가 지정한 5개 펀드의 2008년부터 2017년 말까지 평균 수익률이 플러스 2.96퍼센트(펀드A: 플러스 2.0퍼센트, 펀드B: 플러스 3.6퍼센트, 펀드C: 플러스 6.5퍼센트, 펀드D: 플러스 0.3퍼센트, 펀드E: 플러스 2.4퍼센트)였던 데 비해 같은 기간 S&P500 인덱스 펀드의 수익률은 플러스 8.5퍼센트였다. 후자의 압승이었다. 이처럼 대부분의 펀드 매니저는 인덱스 펀드를 이기지 못한다는 사실이 버핏의 실험을 통해 증명되었다.

그런데 버핏을 비롯한 저명한 투자자들은 개인 투자자들에게 세계의 우량 기업을 커버하는 인덱스 펀드에 투자할 것을 추천하고, 아내에게는 미국 주식 90퍼센트, 미국 단기 국채 10퍼센트의 포트폴리오를 운용하라고 말하면서도 정작 자신들은 그렇게 운용을 하지 않는다. 가령 다음 페이지의 그래프는 버핏의

왜 버핏은 자신의 회사에서는 개별 종목에만 투자할까?

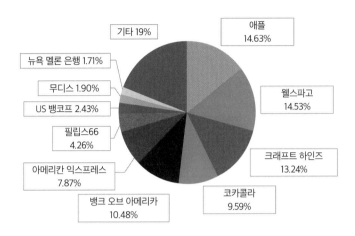

기타 19%

애플
14.63%

뉴욕 멜론 은행 1.71%

무디스 1.90%

US 뱅코프 2.43%

필립스66
4.26%

아메리칸 익스프레스
7.87%

뱅크 오브 아메리카
10.48%

코카콜라
9.59%

크래프트 하인즈
13.24%

웰스파고
14.53%

버크셔 해서웨이사의 포트폴리오(2017년 말 기준)

회사인 버크셔 해서웨이사의 포트폴리오인데, 이것을 보면 미국의 금융 기업 웰스파고나 식품 대기업인 크래프트 하인즈, 애플, 코카콜라 같은 개별 종목만 있을 뿐 인덱스 펀드나 ETF가 단 하나도 포함되어 있지 않음을 알 수 있다.

어째서 버핏은 자신은 개별 주식으로 투자하면서 개인 투자자들에게는 인덱스 펀드를 추천하는 것일까?

결론부터 말하면 개인 투자자의 리스크 허용도가 각자 다르기 때문이다.

예를 들어 많은 개인 투자자는 주가가 오르는 동안에는 날아갈 것 같은 기분이 되지만, 일단 주가가 하락하기 시작하면 점점 불안해져서 패닉 셀(Panic Sell, 불안감을 견디지 못하고 허둥지둥 보유 주식을 매도하는 행동)을 하고 만다. 그리고 손실을 만회하려는 생각에 모두가 유망하다고 인정하는 우량주에 투자하기도 한다. 그러나 손실을 만회하기 위해 급하게 산 주식은 안심감을 얻기 위해서 산 고평가주일 경우가 많기 때문에 좋은 실적을 기대할 수 없다. 즉, 버핏은 개인 투자자들에게 자신의 포트폴리오를 추천하더라도 그들이 그것을 관리할 능력이 없음을 알고 있기 때문에 인덱스 펀드를 중심으로 한 패시브 운용을 추천하는 것이다.

9

배당 재투자는 S&P500 ETF보다 더 대단한 수익을 낸다

'많은 현자가 하나같이 S&P500 ETF를 중심으로 한 패시브 운용을 추천하고 있는데 개인 투자자가 개별 종목에 투자하는 건 잘못 아닐까?' 여러분은 이런 생각이 들었을지도 모른다. 그러나 S&P500 ETF도 완벽한 금융 상품은 아니며 약점 또한 있다. 그 약점 중 하나가 '시가 총액 가중 평균형 주가 지수'라는 점이다.

이 '시가 총액 가중 평균형 주가 지수'라는 것은 S&P500지수가 시가 총액이 큰 대형주의 비율이 높아지도록 디자인되어 있어서 FAAMG 같은 대형 IT주의 영향을 쉽게 받는다는 뜻이다

(FAAMG: 페이스북, 아마존닷컴, 애플, 마이크로소프트, 알파벳(구글의 지주회사)의 상장 코드의 머리글자를 딴 조어).

실제로 2017년에 S&P500의 시가 총액은 2조 8,000억 달러나 증가했는데, 이 가운데 1조 달러(약 3분의 1)가 FAAMG의 지분이었다. 요컨대 FAAMG의 주가가 상승함에 따라 올랐던 S&P500 지수는 FAAMG 주가가 하락하면 내려갈 위험성이 있다.

또한 시가 총액이 큰 종목일수록 가치가 고평가되는 경향이 있으며, 특히 IT주 등 이익 성장을 기대할 수 있는 섹션일수록 PER이 고평가되기 때문에 S&P500 ETF에 적립 투자를 한다는 말은 곧 고평가주를 비교적 많이 산다는 뜻이 된다.

'S&P 500 지수'의 강점과 약점

강점
- 소액으로도 폭넓게 분산 투자를 할 수 있다
- 시장 평균과 동등한 수익률을 기대할 수 있다(전문 펀드 매니저에게 지지 않는다!)
- 쉽고 간단하며 누구나 할 수 있다

약점
- 고평가 상태의 주식을 비교적 많이 사게 된다
- 시장 평균을 영원히 이길 수 없다
- 지속적으로 하락하는 약세장이 계속된다면 계속 손해를 볼 수도 있다

2017년의 시가 총액 순위 상위 다섯 종목은 애플, 알파벳(구글), 마이크로소프트, 페이스북, 아마존닷컴으로 IT 종목뿐이다(2020년 7월 기준으로도 순위 변동만 있을 뿐 종목 변동은 없다). 한편 1992년의 상위 다섯 종목은 미국 최대의 석유 회사인 엑손모빌, 미국 최대의 소매 기업인 월마트, 거대 복합기업인 제너럴 일렉트릭, 미국 최대의 담배 회사인 필립 모리스(현재의 알트리아 그룹), 미국 최대의 통신 회사인 AT&T였다. 이처럼 과거에는 시가 총액 상위 종목의 섹터가 폭넓게 분산되어 있어서 특정 경기 국면에 시장 전체가 휘둘리는 일은 없었지만, 현재는 IT 섹터에 집중되어 있기 때문에 리스크가 이전보다 훨씬 커졌다. 참고로 금리가 상승하는 국면에서는 IT 섹터의 주가가 하락하기 쉽다.

또한 S&P500 ETF에 투자하는 것은 지수가 꾸준히 상승할 것을 전제로 하기 때문에 버블 붕괴 후의 닛케이평균주가처럼 지속적으로 하락하는 약세장이 계속되면 거의 확실히 손해를 보게 된다. 과거를 되돌아보면 1966년부터 1982년까지 17년 동안 다우존스지수는 거의 횡보 추이를 보였다. 17년이라는 기간은 개인 투자자의 운용 기간을 30년이라고 가정했을 때 절반 이상을 차지한다. 이 17년이나 되는 약세장이 개인 투자자의 인생에서 언제 찾아올지는 아무도 알 수 없다. 20대에 찾아오느냐 아니면 50대에 찾아오느냐에 따라 미래의 수익률도 크게 달라질 것이다.

예를 들어 1953년부터 1982년까지의 30년 동안 다우존스지수에 1,000달러를 투자했을 경우 1953년에 투자한 1,000달러는 1982년에 3,600달러로 3.6배가 되지만, 1966년부터 1995년 말까지의 30년 동안의 어느 해에 다우존스지수에 1,000달러를 투자했다면 최초의 1,000달러는 5,200달러로 5.2배가 된다. 이처럼 어느 시대에 운용하느냐에 따라 수익률이 크게 달라진다는

🔍 배당 투자는 시장의 위기가 지나간 뒤에 위력을 발휘한다

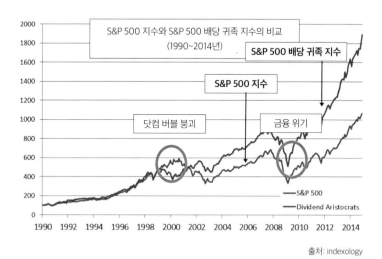

출처: indexology

점을 생각하면 다우존스지수와 마찬가지로 S&P500지수가 어느 시대에나 완벽한 투자 대상이 되지는 않음을 알 수 있을 것이다.

나는 이런 S&P500 ETF의 약점을 파고든다면 아무도 이길 수 없다고 포기했던 S&P500 ETF에 이기는 투자 방법이 있지 않을까 하고 진지하게 생각해보았다.

그리고 그 생각이 가능한 일인지 알아보려고 미국의 초대형 연속 증배 고배당주 10종목에 균등 분산투자하고 배당금을 포트폴리오의 최저 비율 종목에 재투자했다.

연속 증배주에 투자하기로 결정한 이유는 약세장일 때 배당을 재투자하면 주식 수를 더 많이 늘릴 수 있으며, 그 결과 강세장에서 수익을 폭발시킬 수 있기 때문이다. 아래의 차트는 1990년부터 2014년까지의 S&P500지수와 배당 귀족 지수의 배당 재투자 포함 총수익률의 추이다.

옆 페이지의 차트를 보면 2000년의 닷컴 버블 붕괴와 2009년의 금융 위기를 기점으로 배당 귀족 지수와 S&P500지수의 수익률 차이가 벌어진 것을 알 수 있을 것이다. 이것은 약세장에서 S&P500지수를 구성하는 종목의 일부가 배당 축소 혹은 무배당으로 돌아서면서 배당 재투자를 하지 못하게 된 데 비해 배당 귀족 지수를 구성하는 종목의 경우는 주가가 낮아지는 와중에도 배당을 늘려서 약세장에서 더 많은 주식을 보유할 수 있었기 때문이다. 그래서 약세장이 끝나고 강세장이 찾아오면 약세장에서 늘려놓은 주식의 수익이 단번에 증가할 뿐만 아니라 배당금까지 낳아주면서 투자자에게 이중의 결실을 안겨주는 것이다. 바로 이것이

위기 후에 수익 증가가 가속화

되는 이유다.

또한 나는 10종목에 균등하게 분산투자하고 배당금을 포트폴리오의 최저 비율 종목에 재투자한다는 규칙을 정했는데, 여기에도 명확한 이유가 있다. 주가가 떨어지고 있는 비인기(저평가) 종목에 집중적으로 재투자하기 위해서다. 한편 S&P500 ETF에 재투자한다면 이렇게 비율을 조절할 수 없으므로 고평가주를 비교적 많이 늘리게 된다.

아울러 균등한 비율로 분산투자를 하는 이유는 포트폴리오의 균형을 일정하게 유지하기 위함이다. 예를 들어 10종목에 분산투자하다 보면 언젠가 특정 종목만이 폭락하는 날이 찾아올 터인데, 그때

'우량주 할인 판매 기간이 찾아왔구나'

라고 생각하여 그 주식을 대량으로 사들이면 그 종목이 포트 폴리오에서 절반을 차지하게 되어 결과적으로 그 할인 판매 종목의 주가 동향에 포트폴리오 전체가 휘둘리는 상황이 벌어질 수 있다. 그래서 나는 10종목에 균등 분산투자한다는 규칙을 세움으로써 아무리 저평가되어 매력적으로 보이는 주식이 있어도 필요 이상으로 사들이지 않도록 제동을 걸고 있다.

다만 배당 종목이라고 해서 완벽한 투자 대상은 아니다. 강

'버핏타로 10종'의 강점과 약점

강점

- 안정된 배당을 기대할 수 있다
- 약세장에 강하다
- 저평가 상태의 주식을 사서 보유량을 더 많이 늘릴 수 있다
- 장기적으로 보면 시장 평균을 이기는 것도 기대할 수 있다

약점

- ETF 같은 폭넓은 분산 투자는 불가능하다
- 강세장에는 약하다
- 시장 평균을 밑돌 가능성이 있다
- 개별 종목의 도산 리스크가 있다

세장에서는 배당 귀족주 지수가 S&P500지수의 수익률을 밑도는 경향이 있다. 따라서 앞으로 강세장이 계속된다고 가정하면 나처럼 배당 귀족주에만 투자할 경우 S&P500지수를 밑도는 수익률에 만족해야 한다. 다만 단기적인 수익률의 우열을 무시하고 착실하고 꾸준히 장기 투자를 할 수 있다면 아무도 이기지 못한다고 포기하는 S&P500지수를 이길 수도 있을 것이다.

제3장에서는 버핏타로식 머니 머신의 구체적인 제작법을 소개하겠다. 아주 간단하지만 그래도 ETF의 간편함에는 상대가 되지 않는다. 각각의 장점과 단점을 비교해보고 '나는 ETF로 충분해'라고 생각한다면 S&P500 ETF를 적립 투자하며 장기 보유하기 바란다. 이미 말했듯이, 머니 머신의 최적화는 개개인의 상황과 성향에 따라 다르기 때문이다.

S&P500 지수에 투자하는 ETF 상품

국내 상장 ETF

	운용사	펀드 시작일	운용 수수료
KODEX 미국S&P500선물(H)	삼성자산운용	2015년 5월	0.25%
ARIRANG 미국S&P500(H)	한화자산운용	2017년 5월	0.30%
KINDEX 미국S&P500 (환노출형)	한국투자신탁운용	2020년 8월	0.09%
TIGER 미국S&P500 (환노출형)	미래에셋자산운용	2020년 8월	0.30%

미국 상장 ETF

	운용사	펀드 시작일	운용 수수료	배당금
SPY	스테이트 스트리트	1993년 1월	0.09%	2.08%
IVV	블랙록	2000년 5월	0.04%	2.45%
VOO	뱅가드	2010년 9월	0.03%	2.07%

누구나 월 50만 원의 적립 투자를
할 수 있는 방법

확실히 부자가 되고 싶다면 적립 투자를 할 수 있는 환경을 만드는 것도 투자를 잘하는 것만큼이나 중요하다.

예를 들어 수중에 있는 1천만 원을 35년 후에 10억 원으로 만들고 싶다면 연평균 14퍼센트의 수익을 올려야 한다. 시장 평균인 약 7퍼센트를 큰 폭으로 웃도는 수익률을 추구해야 하며, 따라서 자연스럽게 투기라는 이름의 도박을 할 수밖에 없게 된다. 한편 매달 50만 원씩의 적립 투자를 한다면 7퍼센트의 수익으로도 35년 후에 10억 원을 기대할 수 있다.

이런 이야기를 하면 많은 사람이 "어떻게 매달 50만 원이나 투자를 할 수 있겠어"라며 한숨을 쉬는데, 나는 누구나 할 수 있는데도 방법을 모르거나 의지가 부족할 뿐이라고 생각한다. 투자할 자금을 급여에서 '선공제'하면 된다. 급여를 받자마자 먼저

30만 원을 투자용 계좌로 송금한다. 30만 원은 애초부터 없는 돈이라고 생각하며 생활하는 것이다. 생활의 질을 살짝 낮추거나 허리띠를 더 졸라매면 충분히 가능하다.

그리고 부업을 통해 20만 원을 추가로 벌어보자. 그렇게 하면 매달 50만 원을 적립할 수 있다. 갑자기 50만 원이나 절약하거나 부업으로 50만 원을 벌어들이기는 쉽지 않지만, 30만 원은 절약하고 20만 원은 부업으로 벌어들이기는 비교적 어렵지 않을 것이다.

나 역시 블로그에 광고를 붙여서 용돈을 벌고 있으며, 필요하다면 아르바이트를 할 때도 있다. 20만 원이라면 주말에만 아르바이트를 해도 충분히 벌 수 있다.

회사 규정상 부업을 하기 어려운 사람도 있을 터인데, 가슴에 손을 얹고 생각해 보자. 여러분의 회사는 그런 규정을 다 지키며 충성을 바칠 만한 곳인가? 회사는 여러분의 인생과 노후를 지켜 주지 않는다. 그러니 좀 더 지혜롭게 '자신을 우선하며' 살아도 될 것이다.

물론 상사의 면전에서 당당하게 "저는 절대 야근 안 할 거고, 유급 휴가도 전부 쓸 겁니다!"라고 말해봤자 미움만 살 뿐이다. 회사 분위기를 살피면서 눈치껏 처신하기 바란다.

제 3 장

돈이 돈을 낳는
최강의 머니 머신
만들기

장기 보유해야 할 배당주의
두 가지 조건

버핏타로의 포트폴리오는 배당 재투자 전략에 최적화되어
있으며, 돈이 돈을 낳는 구조이기에 자산이 계속해서 증가하는
즐거움을 맛볼 수 있다.

버핏타로가 굴리는 머니 머신의 구체적인 내용을 살펴보자
면, 미국의 초대형 연속 증배 고배당주 10종목에 균등 분산투자
하는 것이 전부다. 나는 이들 기업에 합계 5억 원 정도를 투자
하고 있는데, 그 덕분에 매달 100만 원 정도의 배당금을 얻고 있
다. 이 배당금을 쓰지 않고 해당 주식을 사서 늘리면 그 주식은
공짜나 다름없이 얻은 것이기에 설령 주가가 폭락해서 반 토막

이 나더라도 손해를 본 것은 아니게 된다. 배당금으로 산 주식에서도 분기별로 추가로 배당금을 받을 수 있으므로, 말 그대로 돈이 '돈을 낳는 머니 머신'이다.

다만 아무 종목에나 투자해서는 머니 머신을 만들 수 없다. 바이 앤드 홀드(장기 보유)를 하기에 걸맞은 종목으로 구성해야 한다. 이것은 종목의 매매 빈도를 줄임으로써 세금이나 매매 수수료 등의 비용을 최소한으로 하기 위함이다.

그런데 초보 투자자일수록 모두가 좋다고 하는 종목에 묻지마 식으로 투자한 다음 '이제 한동안 잊어버리고 있으면 부자가 되어 있을 거야.'라고 착각하거나 PER이 낮은 중소형 가치주에 투자한 다음 "이 숨겨진 보물을 모두가 놓치고 있다니(나만 찾아냈다니)!"라며 의기양양해하다가 1년 후에 투자자(投資者)가 아닌

자산(資)을 날려(投) 버린 사람(者)

이 되는 경우가 드물지 않다.

예를 들어 바이오 섹터 열풍이 불었던 2015년경, 개인 투자자들은 마치 바이오주를 보유해야만 투자자로 인정받기라도 하는 듯 앞다투어 바이오주에 투자했다. 그 후 약품 가격 인하 문

제와 경쟁 격화의 영향으로 바이오주가 급락하자 바이오주 열풍에 들떠 있던 투자자들은 모두 거품과 함께 날아가 버렸다.

그러므로 돈이 돈을 낳는 머니 머신을 만들고 싶다면 보유하고 있기만 해도 모두가 "안목이 대단하군요!"라고 칭찬하는 화려한 종목에 투자하는 것은 지양해야 한다. 그런 종목은 대개 장래의 실적이 반영된 고평가 상태이기 때문에 낙관적인 예상을 웃도는 실적을 올리지 않으면 그 이상의 주가 상승을 기대할 수 없다.

바이 앤드 홀드를 전제로 한다면 장래가 유망한 인기 종목이 아니라 좀 더 수수하고 고리타분해서 모두가 "아…, 그러세요." 라고 말할 것 같은 종목 가운데 영속적으로 안정된 현금 흐름을 기대할 수 있는 종목에 투자해야 한다. 코카콜라나 프록터앤드갬블 등이 그런 종목이다. FAAMG 등 대형 IT주의 열풍이 불고 있는 지금, IT 섹터의 미래에 큰 기대를 품고 있는 투자자는 많지만 생활필수품 섹터에 큰 기대를 품고 있는 투자자는 거의 없다. 그렇기 때문에 생활필수품 관련주는 투자자의 기대가 낮으며, 그만큼 주가가 폭락하는 경우도 적다. 물론 시장 규모가 완만히 상승할 뿐이어서 주가가 크게 상승하는 것도 기대할 수 없기는 하다.

그래도 소프트 음료나 생활용품 등의 생활필수품은 다른 회사의 제품과 비교했을 때 품질이나 성능에 그다지 차이가 없다.

일단 탄탄하게 브랜드를 구축해 놓으면 라이벌도 그 브랜드를 쉽게 무너뜨리지 못하기 때문에 영속적으로 안정된 현금 흐름을 기대할 수 있다.

이렇게 영속적으로 안정된 현금 흐름을 기대할 수 있느냐와 함께, 주주 환원에 적극적인가 아닌가도 머니 머신을 만들기에 적합한 종목인지를 판단하는 포인트다.

예를 들어 벌어들인 이익을 쌓아 놓기만 하는 기업이라면 투자자는 수익을 최대화할 수 없다. 한편 배당의 형태로 주주에게 적극적으로 환원한다면 주주는 배당금을 재투자해서 보유 주식을 늘림으로써 수익을 최대화할 수 있다.

참고로 코카콜라는 이익의 약 80퍼센트를, 프록터앤드갬블은 이익의 약 절반을 주주에게 환원하고 있다. 즉, 이 종목에 투자하면 배당금을 재투자함으로써 수익의 최대화를 꾀할 수 있는 것이다.

2

분산은 기본, 적절한 종목 배분이 최고의 수익을 낸다

나는 10종목에 분산투자를 하고 있다. 초보 투자자일수록 한두 종목에 집중투자하거나 50종목이나 100종목 이상 과도하게 분산투자를 하는 경우가 많다.

애초에 자산운용에서 분산투자는 기본 중의 기본이다. 한두 종목에 집중투자하는 것은 제정신이라면 할 짓이 아니며 귀중한 투자 자금으로 도박을 하는 꼴이므로 아무리 자신이 있더라도 삼가야 한다.

과거 수년을 되돌아보면 일본의 개인 투자자 사이에서 ①에너지주, ②바이오주, ③소매주, ④IBM주가 주목을 받은 바 있는

데, 열풍이 종식된 이유와 하락폭을 살펴보도록 하겠다.

① 에너지주

고배당을 노릴 수 있어 주목을 받았지만, 원유 가격 폭락의 영향으로 코노코 필립스(Conoco Phillips)나 킨더 모건(Kinder Morgan) 등의 석유주가 직전 최고가 기준으로 각각 마이너스 61.92퍼센트, 마이너스 70.68퍼센트나 대폭락했을 뿐만 아니라 배당금도 감액함에 따라 배당을 기대했던 투자자들은 당황하며 손절매해야 했다.

② 바이오주

장기적인 이익 성장이 기대되었지만, 미국 대선이 있던 해 (2016년)에 약품 가격 인하의 영향으로 바이오주 열풍이 종식되었다. 그 결과 길리어드 사이언스는 직전 최고가 기준으로 한때 마이너스 46.25퍼센트까지 폭락했고, '베이비 버핏'으로 불리는 윌리엄 애크먼이 집중투자했던 캐나다의 제약회사 밸리언트(Valeant)의 경우는 직전 최고가 기준으로 마이너스 96.83퍼센트라는 대폭락을 기록해 휴지 조각이나 다름없는 수준이 되었다.

③ 소매주

저평가되었다며 자칭 가치주 투자자들이 투자했던 대형 백화점 메이시스(Macy's)와 운동화 판매점 풋로커(Footlocker)는 아마존닷컴이 약진하면서 직전 최고가 기준 마이너스 74.61퍼센트와 마이너스 63.08퍼센트나 폭락했다.

④ IBM주

'버핏이 투자하고 있다'는 이유로 IBM에 집중투자했던 한심한 투자자들은 2013년에 직전 최고가에서 마이너스 43.68퍼센트나 폭락하는 가운데 패닉 셀을 했고, 제너럴 일렉트릭(GE)에 집중투자했던 투자자들도 직전 최고가 기준으로 마이너스 46.32퍼센트나 폭락함에 따라 망연자실해서 자신의 증권사 계좌조차 조회해 보지 못하는 사람이 속출했다.

이런 사례들을 보면 특정 종목이나 섹터에 집중투자하는 것이 얼마나 위험한 일인지 알 수 있을 것이다. 그럼에도 FAAMG 등 특정 종목이나 섹터가 상승하면 경험이 적은 투자자일수록 "그때 아마존이나 애플에 투자했더라면……."이라며 아쉬워한다. 상상 속에서는 손해를 볼 일이 없지만, 안일하게 집중투자를 했다가는 반드시 대가를 치르는 곳이 주식 시장이다.

물론 한 종목에 집중투자해서 성공한 개인 투자자가 있는 것도 사실이다. 그것은 종목 분석을 잘해서도 선견지명이 있어서도 아니다. 어쩌다 보니 '운 좋게' 예상이 적중했을 뿐이다. 그 증거로, 소수의 종목에 집중투자를 반복해서 부자가 된 투자자는 거의 없다. 게다가 아무리 우량주라 해도 10년에 한 번은 30~50퍼센트 폭락하기 마련이며, 누구나 예상이 빗나갈 때가 있기 때문에 폭넓은 섹터나 종목에 분산투자해 균형을 유지하면서 착실하게 운용해야 한다.

그렇다면 이제 문제는 어느 정도의 종목에 분산투자해야 하

🔍 8~16종목이 '최적'

20종목을 초과하면 감소 효과는 거의 없어진다

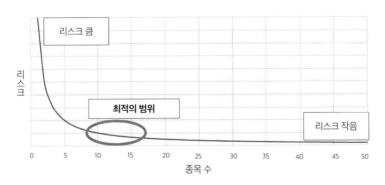

분산투자에 따른 리스크 감소 효과

느냐인데, 개인 투자자에게는 8~16종목 정도가 최적이다.

앞 페이지의 그래프는 분산투자에 따른 리스크 감소 효과를 나타낸 것이다. 이 그래프를 보면 보유 종목의 수가 1개일 때 가장 리스크가 크고, 5개 종목으로 늘어나면서 리스크가 급격히 감소함을 알 수 있다. 그리고 보유한 종목의 수가 8~16개가 되면 분산투자에 따른 리스크 감소 효과가 점차 사라지기 시작하지만, 20개 종목이 넘어가면 감소 효과는 무시해도 될 만큼 작아진다.

여러분은 칼피스라는 유산균 음료를 아는가? 희석한 음료를 팔기도 하지만 기본적으로는 원액을 사서 물에 타 먹는 음료수다. 분산투자는 이 칼피스와 비슷하다. 칼피스를 원액 그대로 마시면 너무 진해서 맛이 없으며, 희석하는 물의 양이 지나치게 많으면 싱거워서 맛이 없어진다. 칼피스를 맛있게 마시려면 딱 적당한 양의 물이 필요하다.

: 분산투자는 8~16종목이 딱 적당하다. :

그러나 한심한 투자자일수록 리스크 감소 효과를 무시하고 한 종목에 집중투자하며, 보유 종목이 폭락하면 당황해서 모두 팔아치우거나 10~15년은 기다려야 주가가 회복될 쓰레기 주식을 '저평가되었을 때 살 절호의 기회야!'라고 착각해 추가 매수해서 소중한 자산을 날려 버린다.

또한 보유 종목을 더 늘려 봐야 리스크 감소 효과가 없다는 사실도 깨닫지 못하고 관심 가는 종목을 닥치는 대로 사들여 50~100종목 정도를 보유하고는 자기만족에 빠지는 투자자도 있다. 이런 과도한 분산투자는 포트폴리오의 관리를 어렵게 만들 뿐만 아니라 매매 수수료를 늘리는 등 단점이 크다.

예를 들어 시가 평가액이 2,000달러인 주식 50종목(도합 10만 달러의 포트폴리오)을 보유했다고 가정하자. 이때 한 종목만 추가 매수하려 할 경우, 다른 종목과 괴리가 생기지 않도록 200달러만 더 사려 하면 수수료는 5달러, 수수료율은 2.5퍼센트가 된다. 한편 수수료율을 낮추기 위해 1,200달러어치를 추가 매수하면 수수료율은 0.45퍼센트가 되지만 추가 매수한 주식의 시가 평가액이 1.6배가 되어 버린다. 단 한 번의 추가 매수로 포트폴리오에서 주력 종목이 되고 마는 것이다. 그 상태에서 같은 종목을 또다시 추가 매수하면 다른 종목과의 괴리율이 더욱 커지기 때문에 추가 매수를 하고 싶어도 할 수 없게 되며, 괴리를 무시하고 추가 매수하면 포트폴리오 전체가 그 한 종목에 휘둘릴 우려가 있다.

또한 50~100종목에 분산투자를 하면 관리가 소홀해져서, 주가가 하락하고 있는 종목을 적당히 사거나 장래 유망한 인기 종목을 고평가 상태에서 투자한 결과 포트폴리오가 특정 종목이나 섹터에 치우쳐 엉망진창이 되는 상황에 빠진다.

그러므로 대부분의 개인 투자자는 투자 종목의 수를 착실하게 운용·관리할 수 있는 범위인 8~16개로 좁히는 편이 현명하다고 할 수 있다.

저평가 종목과
배당 수익률의 관계를 알아야 한다

개별 종목에 대한 투자는 인덱스 펀드나 ETF에 투자하는 것
과 달리 고평가된 종목을 피하고 저평가된 종목에 투자함으로
써 수익을 최대화할 수 있다는 이점이 있다. 그러나 경험이 적
은 미숙한 투자자일수록 'PER이 낮은 주식을 사서 장기 보유하
면 언젠가 오르겠지'라고 생각하며 안일하게 투자했다가 큰 손
해를 보는 사례가 드물지 않다.

PER은 EPS(주당 순이익)의 몇 배에 주식이 거래되고 있는지
를 나타내는 지표로, 대략 15배 정도가 적정하다고 알려져 있
다. 그래서 PER이 20배 이상이면 '고평가', 반대로 PER이 10배

이하라면 '저평가'로 판단한다. 주식 투자는 기업의 내재 가치에 비해 저평가된 주식을 사서 장기간 보유하면 성공률이 높다고 하므로, PER이 낮은 주식에 투자하는 편이 PER이 높은 주식에 투자하기보다 성공 가능성이 높은 경향이 있다. 실제로 제러미 시겔이 쓴《주식에 장기투자하라》에 따르면, 1957년 12월 말부터 2006년 12월 말까지 59년 동안 S&P500지수에 채용된 500종목을 PER이 낮은 순서대로 다섯 그룹으로 나눠서 조사한 결과, PER이 낮은 종목일수록 높은 종목에 비해 수익률이 높았던 것을 밝혀냈다.

그러나 PER이 낮다고 해서 무조건 좋은 것은 아니며 PER이 높다고 해서 전부 꽝인 것도 아니다. 애초에 저PER 주식은 미래의 이익 전망이 악화되고 있는 위험한 주식일 경우가 많기 때문에 그런 주식에만 투자했다가는 언젠가 낭패를 볼 수 있으니 주의해야 한다.

2015년경에 열풍이 불었던 바이오 섹터의 길리어드 사이언스(Gilead Sciences, GILD)는 미래의 이익 전망이 악화됨에 따라 PER이 10배를 밑돌게 되었는데, 이것을 저평가로 착각하고 사들인 투자자들은 큰 손실을 봤다. 주가는 그 후에도 부진을 거듭해, 다우존스지수가 과거 최고치를 경신하는 가운데서도 여전히 2015년의 최고가보다 30퍼센트 이상 낮은 수준에 머물러 있다(코로나19 치료제로 떠오른 램데시비르에 대한 기대감으로 주가가 올랐으나 2020년 7월 기준 여전히 2015년의 최고점보다 20~30% 낮은 수준이다).

또한 PER이 높은 주식이라고 해서 반드시 고평가인 것도 아니다. 에너지 섹터라면 원유 가격 폭락이 원인이 되어 일시적으로 이익이 감소했지만 원유 가격이 회복된다면 실적도 회복될 것임을 모두가 알고 있기 때문에 주가가 잘 떨어지지 않는다. 그래서 이익이 감소했음에도 주가가 하락하지 않아 일시적으로 고PER 주식이 되는 경우도 있다.

따라서 PER을 가치의 척도로 이용하려면 어느 정도의 경험과 지식이 필요하며, 왜 그 PER이 되었는지 모르는 상태에서 안일하게 PER만 보고 저PER 주식에 뛰어들거나 고PER 주식을 무조건 멀리하지 않기 바란다.

또한 가치의 판단 재료로 배당 수익률을 사용하는 경우도 있다. 배당 수익률은 'DPS(주당 배당금)÷주가'로 산출된다. 예를 들어 DPS가 1달러이고 주가가 40달러일 경우 배당 수익률은 2.5퍼센트가 되는데, 주가가 20달러로 폭락하면 배당 수익률은 5퍼센트로 크게 상승한다. 즉, 배당 수익률이 높다는 말은 주가가 저렴해졌음을 의미하므로 가치의 척도로 생각할 수 있다는 것이다. 이렇게 배당 수익률에 착안한 투자법으로 가장 유명한 것이 '다우의 개 투자법'이다.

'다우의 개 투자법'은 1990년 마이클 오이긴스(Michael O'Higgins)가 제창한 투자법이다. 다우존스 산업평균지수에 들어간 30종목 가운데 가장 배당 수익률이 높은 5종목에 투자하고 1년에 딱 한 번만 종목을 교체한다는 투자 전략이다. 배당 수익률과 주가의 관계에 착안한 현명한 투자법이라고 생각한다.

다만 '다우의 개 투자법'에는 몇 가지 문제점이 있다. 무엇보다 비용이 많이 든다. 예를 들어 배당 수익률이 높고 저평가된 주식을 샀는데 주가가 반등해 연말에 종목 교체 대상이 되면 평가수익에 20퍼센트의 세금이 부과될 뿐만 아니라 종목 교체를 위해 매매 비용이 발생한다. 아울러 배당 수익률이 높은 종목이라는 것은 미래의 실적 전망이 악화되었음을 의미하며, 그런 종목은 장래에 배당을 줄일 가능성이 있다. 즉 주가가 더 하락해서 저평가 상태가 되었는데 배당을 줄인 탓에 배당 수익률 상위 5종목에 들어가지 않아 투자 대상으로부터 제외되는 등의 문제도 일어나는 것이다.

앞에서 확인했듯이, 2014년부터 2016년에 걸쳐 배당 수익률을 가치의 척도로 주목했던 개인 투자자들은 고배당주가 많은 에너지 섹터에만 투자를 했다. 그러나 원유 가격이 폭락하자 에너지 기업들은 잇달아 배당 축소를 발표했고, 배당금에 대한 기대를 잃은 투자자들은 패닉에 빠져 에너지주를 팔고 말았다.

아마존닷컴의 약진으로 소매 섹터의 주가가 잇달아 폭락하면서 고배당주가 증가했지만 이들도 배당을 줄이지 않는다는 보장은 없다. 고배당에만 주목해서 달려드는 것은 주의하는 편이 좋다. 주가에 비해 배당 수익률이 높은 주식을 발견하면 '모두가 간과한 보물 종목을 발견했어!'라고 흥분하며 바로 달려들지 말고 '뭔가 이상한데.'라고 생각해야 한다. 그리고 그 '뭔가'가 무엇인지 모르겠다면 일단 매수를 보류하고 '다리를 살짝 벌리고도 충분히 넘어갈 수 있는' 낮은 허들을 찾아보는 편이 현명하다. 가령 세계 최대의 담배 회사인 필립 모리스 인터내셔널이나 미국의 통신 대기업인 버라이즌 커뮤니케이션스는 업계 자체의 진입 장벽이 높아서 안정된 현금 흐름을 기대할 수 있을 뿐만 아니라 배당 수익률도 높으므로 배당 축소에 대한 걱정 없이 높은 배당 수익률을 누릴 수 있다.

물론 배당 수익률이 매우 높은 고배당주 중에는 배당을 줄이지 않은 상태에서 실적이 회복되어 주가가 폭등하는 경우도 있다. 배당 수익률이 높은 주식에 달려드는 것이 반드시 실패를 의미하지는 않으니 도전하고 싶은 사람은 도전해도 된다. 물론 허들이 높을수록 성공률은 낮아지기 때문에 권하지는 않는다.

4

사업의 경쟁 우위가
높은 종목을 찾아야 한다

돈이 돈을 낳는 머니 머신을 만들고 싶다면 바이 앤드 홀드를 실천하기에 걸맞은 종목에 투자해야 한다. 그리고 그에 걸맞은 종목이란 사업의 경쟁 우위성이 높은 종목을 의미한다.

경쟁 우위성이 높다는 것은 무엇을 기준으로 알 수 있을까? 이것은 동업 타사에 비해 영업 활동 현금 흐름의 마진이 지속적으로 높은지를 보면 알 수 있다.

결산서에는 '손익 계산서', '재무 상태표', '현금 흐름표', 세 종류가 있다.

'손익 계산서'에는 매출액이나 영업 이익 등이 기재되어 있는

데, 분식 결산 등 부정 회계를 하는 기업은 대체로 이 '손익 계산서'를 조작하는 경우가 많다. 가령 2017년에 후지필름 HD가 해외 자회사의 매출액을, 2016년에 도시바가 이익을 과다 계상한 것도, 2011년에 올림푸스가 과거의 손실을 최근의 M&A 실패에 따른 손실로 계상해 분식 결산을 한 것도 전부 '손익 계산서'에서 거짓말을 한 것이다. 그래서 '손익 계산서'를 '회사의 의견'이라고 말하기도 한다.

'현금 흐름표'는 '대차 대조표'라고도 하며, 자산이나 부채 등 회사의 체력을 보여준다. 그리고 '현금 흐름표'는 현금 수입과 지출을 기록하므로, 실제로 기업에서 돈이 얼마가 나갔고 얼마가 들어왔는지를 보여준다. 그런 까닭에 '현금 흐름표'는 조작하기가 어렵다는 특징이 있다.

영업 활동 현금 흐름(cashflow)은 이 '현금 흐름표'에 기재된다. 이것은 기업이 고객에게 상품이나 서비스를 팔아서 얻은 매출액 중 영업에 필요한 비용을 빼고 실제로 기업이 얻은 현금의 수지(收支)를 가리킨다. 예를 들어 A사가 고객에게 1억 원의 상품을 판매했는데 여기에 8,000만 원의 비용이 발생했고 이 비용을 전부 현금으로 지급했다고 가정하자. 그러면 매출액은 1억 원, 영업 이익 2,000만 원(매출액-비용)이 된다. 그런데 고객이 A사에 1,000만 원만 현금으로 지급했고 나머지 9,000만 원은 매출 채권(어음이나 외상 매출금 등)으로 지급했다면, 기업은 8,000만 원의 현금이 나간 반면에 1,000만 원의 현금밖에 들어오지 않았기 때문에 영업 이익은 2,000만 원의 흑자지만 영업 활동 현금 흐름은 7,000만 원의 적자가 된다.

'어차피 남은 9,000만 원도 단계적으로 기업에 지급될 테니 문제없지 않은가?'라고 생각할지도 모르지만, 도중에 고객이 지급 능력을 잃으면 매출 채권을 회수하지 못해 도산할 위험성도 있다.

기업은 아무리 이익을 냈더라도 수중에 돈이 없어지면 현금 흐름이 막혀 도산할 수 있다. 따라서 기업에 현금이 얼마나 들어왔는지를 나타내는 영업 현금 흐름은 매우 중요한 지표라고 할 수 있다.

그러므로 개별 종목에 투자할 경우, 이 영업 현금 흐름이 매년 흑자이며 착실히 증가하고 있는 기업에 투자하는 것이 좋다.

아울러 그 기업에 지속적이고 안정된 현금 흐름을 기대할 수 있는지 어떤지는 경쟁 우위성이 높은지 어떤지를 보면 알 수 있는데, 이 경쟁 우위성이 높은지 어떤지는 영업 활동 현금 흐름 마진이 높은지 어떤지를 보면 알 수 있다. 영업 활동 현금 흐름 마진은 영업 활동 현금 흐름을 매출액으로 나눠서 구하는데, 이 수치가 계속적으로 15퍼센트 이상이면 경쟁 우위성이 높다고 할 수 있다(영업 활동 현금 흐름이나 매출액은 각 증권사의 기업 정보에서 쉽게 확인할 수 있다). 영업 활동 현금 흐름 마진이 높다는 말은 가격 경쟁에 휩쓸리지 않고 독자적인 브랜드 파워나 제품·서비스로 이익을 내고 있을 의미하므로 경쟁 우위성이 높은 비즈니스를 보유했다고 말할 수 있다.

다만, 주의해야 할 점도 있다. 영업 활동 현금 흐름 마진이 높은 종목만으로 포트폴리오를 구축하는 것은 어리석은 행동이다. 영업 활동 현금 흐름 마진이 높은 기업은 대개 IT 섹터에 많기 때문에 자칫하면 포트폴리오가 IT주로 가득해져 특정 경기 국면에서 리스크가 커질 우려가 있다.

그러므로 무작정 영업 활동 현금 흐름 마진이 높은 순서대로 선택하지 말고 섹터 분산을 고려하면서 영업 활동 현금 흐름 마진이 비교적 높은 종목을 중심으로 포트폴리오에 포함시키는 것이 좋다.

5

성장주 투자와 가치주 투자, 어떤 것이 머니 머신에 적합할까

투자 스타일을 크게 나누면 두 가지가 있다. 기업의 내재 가치에 주목하는 가치주 투자와 기업의 성장에 주목하는 성장주 투자다.

두 가지 투자 방법 자체에 우열은 존재하지 않지만, 각각의 투자 스타일에 맞게 행동할 필요는 있다. 가치주 투자는 주가가 기업의 내재 가치보다 저평가된 종목에 투자해서 장기적으로 보유하는 스타일이다. 따라서 고평가된 주식을 사서는 안 되며, 빈번하게 매매하는 것도 좋지 않다. 그런 까닭에 단기간에 큰 이익을 노리기보다는 저평가된 주식을 사서 주가가 적정한 가격이 될 때까지 끈기 있게 보유함으로써 자산을 최대화하는 투자 스타일이다.

그렇다면 어떻게 해야 내재 가치보다 저평가된 주식을 찾아낼 수 있을까? PER이 낮은 주식을 찾거나 고배당주를 찾는 것도 한 가지 방법이다. 그러나 누구라도 간단히 할 수 있는 방법은 없으며 투자 공부를 조금 하는 정도로는 판단하기도 어렵다. 그러므로 가치주 투자를 시작하려는 투자자는 주가를 효율적 시장 가설에 맡기고 훌륭한 기업의 주식을 그럭저럭 괜찮은 가격에 사고자 노력하기 바란다.

효율적 시장 가설에 관해서는 제2장에서 이야기했지만, 다시 한번 간단히 설명하면 '주가는 온갖 정보를 순식간에 반영하기 때문에 대체로 적정한 가격이 붙는다'라는 개념이다. 요컨대 많은 투자자가 추종하고 있는 초대형 기업은 비교적 적정하게 주가가 매겨져 있기 때문에 시장을 능가하는 수익을 올리기 어렵다. 따라서 시장을 능가하는 수익을 올리겠다는 생각을 버리고 훌륭한 기업의 주식을 그럭저럭 괜찮은 가격에 사서 장기 보유하며 가치의 판단을 시장에 맡기는 투자 스타일을 지향하는 편이 훨씬 간단하다.

참고로 가치주 투자에서 훌륭한 기업이란 역사가 있고 경쟁 우위성이 높은 초대형주를 의미하며, 경쟁 우위성이 높은 기업은 영업 활동 현금 흐름 마진이 동업 타사에 비해 지속적으로 높은 기업을 가리킨다.

즉, 가치주 투자를 실천하고 싶다면 영업 활동 현금 흐름이 높은 코카콜라나 존슨앤드존슨을 그냥 현재의 주가로 사서 장기 보유하는 것으로 충분하다는 말이다.

다만 가치주를 장기 보유하기 위해서는 역시 나름의 각오가 필요하다. 매일 투자 공부를 함으로써 자신감을 키우면 좋을 것이다. 가령 2015년 12월에 FRB(미연방준비제도이사회)가 금리 인상을 단행했을 때나 2016년 6월에 영국이 EU(유럽 연합) 탈퇴를 결정했을 때처럼 주식 시장이 순간적으로 급락하는 상황이 있다. 가치주 투자자라면 이런 상황에 흔들리지 않고 보유 주식을 계속 들고 있어야 한다. 그러나 경험이 적고 미숙한 초보 투자자는 패닉에 빠져서 가치주 투자의 개념을 잊어버리고 주식을 팔아치운다.

이처럼 가치주 투자는 우량주를 사서 그저 가지고 있기만 하면 되므로 간단해 보이지만 조정 국면이 찾아올 때마다 가치주 투자자로서의 각오를 시험받기 때문에 투자자에게 강한 신념이 필요하다.

한편 성장주 투자는 가치주 투자와는 완전히 별개의 방식이다. 중요한 점을 간단히 정리하면 다음과 같다.

성장주 투자의 5원칙

1 가치는 무시해라.

2 성장주에 주주 환원(배당)을 요구하지 마라.

3 PER이 낮은 성장주에 안일하게 달려들지 마라.

4 하나의 섹터에 집중투자하지 마라.

5 이익 확정·손절의 규칙을 정하고 그 규칙을 따르라.

애초에 성장주 투자는 실적이 쑥쑥 오르는 종목에 투자해야 하기 때문에 수비형 종목처럼 주가가 잘 오르지 않는 종목에 투자하지 않는다. "코카콜라도 프록터앤드갬블도 주가가 오르지 않으니 쓰레기 주식"이라고 단정 짓는 사람이 있는데, 이들 종목은 캐피털 게인(주가 상승익)을 기대하는 유형의 종목이 아니라 인컴 게인(배당 수입)을 기대하는 유형의 종목이기 때문에 주가가 오르지 않는 것은 당연한 일이다.

참고로 대표적인 성장주로는 페이스북과 아마존닷컴, 알파벳(구글의 지주회사) 등이 있는데, 이들 종목은 배당을 실시하지 않으므로 인컴 게인을 기대할 수 없는 대신 이익 성장에 따른 캐피털 게인을 기대할 수 있다.

또한 성장주에 투자할 경우, 가치주 투자와 달리 PER이나 배당 수익률 같은 가치의 척도를 무시하는 경우가 많다. 성장주 투자는 본질적으로 기업의 이익 성장에 기대를 거는 측면이 있는데, 이익 성장을 기대하는 종목은 자연스럽게 PER이 높아지기 때문이다. 아마존닷컴의 경우 PER이 과거 2년 동안 줄곧 수백 배로 고평가 상태였음에도 같은 기간 주가는 두 배 이상 상승했다.

한편 PER이 낮은 성장주는 많은 투자자가 이 종목에 대해 이익 성장을 기대하지 않는다는 의미이기도 하다. 혼자서만 저평가라고 생각해 뛰어들지 않도록 주의하기 바란다. 가령 최근의 예로는 미국의 대형 운동화 판매점 풋로커의 주식을 PER이 낮다는 이유로 사들인 투자자들이 있다. 매수 이후 풋로커의 주식이 계속 폭락하는 바람에 그들은 결국 손절매를 해야 했다. 이전에도 미국의 제약사 길리어드 사이언스 등의 바이오주를 단지 PER이 낮다는 이유로 샀던 성장주 투자자들이 있었는데, 역시 주가가 더 폭락해서 시장 평균을 크게 밑도는 성적을 냈다.

그렇다고 해서 PER이 낮은 성장주에 대한 투자가 반드시 실패하는 것은 아니다. 가령 애플의 경우, 2016년 9월기에 EPS(주당 순이익)가 전년 동기 대비 약 10퍼센트 감소하자 애플의 성장이 정점을 찍었다는 부정적인 이야기가 나오면서 PER이 10배 대까지 하락했다. 그러나 애플은 그 후 아이폰과 맥북을 고단가 전략으로 전환해 실적을 개선함으로써 다시 증수증익(增收增益, 매출과 이익이 함께 늘어나는 것) 노선으로 복귀했고, 주가는 크게 상승했다. 애플과 같은 기업도 있으므로 PER이 낮은 성장주에 투자하면 무조건 실패한다고는 말할 수 없다. 그러나 일반적으로는 저PER 성장주에 투자하면 실패할 확률이 높으니 주의할 필요가 있다.

섹터 전체의 흐름이 좋을 경우 그 섹터에만 투자하는 성장주 투자자가 종종 있다. 지금이라면 IT 섹터가, 이전에는 바이오 섹터가 그랬다. 그러나 하나의 섹터에서 여러 종목에 분산투자를 한들 포트폴리오가 특정 섹터에 편중되어 있으면 그것을 분산투자라고는 할 수 없다.

성장주 투자는 가치보다는 성장을 우선시하기 때문에 PER이 높은 주식에도 투자하는 경우가 있지만, 일단 기세를 잃은 성장주는 크게 폭락하는 일도 드물지 않기 때문에 미리 설정한 손절 규칙을 반드시 지키면서 매매하지 않으면 치명상을 입을 수 있으니 주의가 필요하다.

참고로 버핏타로의 포트폴리오에는 성장주가 한 종목도 들어 있지 않다. 이것은 포트폴리오 전체의 변동성(Volatility)을 억제하면서 배당을 재투자함으로써 자산의 최대화를 꾀하고 있기 때문이지 결코 성장주를 나쁘게 생각해서가 아니다. 가치주 투자에 비해 배당을 기대할 수 없을 뿐만 아니라 매매를 자주 해야 하므로 돈이 돈을 낳는 머니 머신을 만드는 데는 적합하지 않다고 생각한다.

6

배당 재투자가
24배의 차이를 만든다

배당금을 재투자하느냐 하지 않느냐에 따라 미래 자산에 큰 차이가 생기므로 배당을 가볍게 여겨서는 안 된다.

제러미 시겔이 쓴 《투자의 미래》에 따르면, 1871년에 1,000달러를 주식에 투자하고 2003년까지 배당금을 재투자했을 경우와 같은 기간 배당금을 재투자하지 않고 현금으로 모았을 경우의 최종적인 자산 차이는 무려 24배에 이르렀다고 한다(다음 페이지의 그래프 참조).

그래프를 보면 1871년부터 2003년 말까지 122년 동안 주식에 1,000달러를 투자하고 배당금을 재투자했을 경우 최종적으

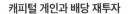
배당 재투자를 하면 재투자를 하지 않을 때보다 24배를 더 벌 수 있다

캐피털 게인과 배당 재투자

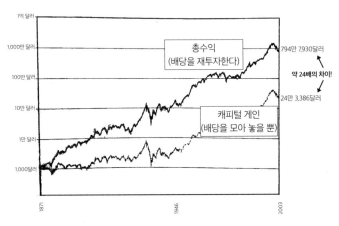

총수익
(배당을 재투자한다)

794만 7,930달러

약 24배의 차이!

24만 3,386달러

캐피털 게인
(배당을 모아 놓을 뿐)

출처: 제러미 시겔 《투자의 미래》

로는 무려 8,000배인 약 800만 달러가 되었지만, 배당금을 재투자하지 않았을 경우는 약 24만 달러가 되는 데 그쳤다. 그 사이얻은 배당금 약 9만 달러를 더하더라도 33만 달러, 즉 330배에불과하다.

배당금을 재투자했을 때 물가 상승률을 조정한 연평균 수익률은 7퍼센트이고, 재투자하지 않았을 때의 연평균 수익률은4.5퍼센트였다. 언뜻 보면 2.5퍼센트 포인트 차이밖에 나지 않지만, 시간의 경과와 함께 최종적으로는 24배나 되는 차이가 생졌다.

이처럼 장기 투자에서는 배당 재투자가 상당히 중요한데도 배당금을 재투자하지 않는 개인 투자자가 많다. 대부분 그 돈을 받아 용돈처럼 쓰거나 혹은 폭락 국면이 찾아올 때까지 기다렸다가 주식을 사려고 모아 놓기 때문이다. 그러나 폭락이 언제 찾아올지는 아무도 모르며, 주가가 계속 상승한다면 두 번 다시 지금의 가격으로는 살 수 없게 될지도 모른다. 그런 점에서 배당금을 모아 놓는 것은 기회 손실이 될 수 있다. 실제로 2016년에 1만 6,000달러였던 다우존스 산업평균지수는 불과 2년 만에 2만 5,000달러 근처까지 상승했다(2020년 7월 기준 2만 6,500달러 선). 배당금 재투자를 하지 않은 개인 투자자는 손실을 본 것은 아니지만 늘어난 주식으로 얻을 수 있는 기회를 잃은 셈이

🔍 **버핏타로의 세후 누적 수익액**

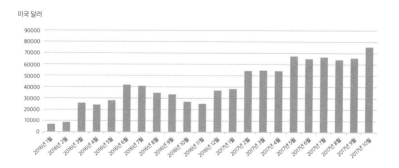

미국 달러

된다. 그래서 나는 월말이 되면 반드시 배당을 재투자하고 있다. 내가 2016년 1월부터 2017년 12월 말까지 약 2년 동안 올린 누적 수익액(세후)을 한 번 더 보기 바란다(앞 페이지의 그래프). 시간의 경과와 함께 꾸준히 상승했음을 알 수 있을 것이다. 이것은 지금까지 받은 배당금을 전부 재투자에 돌림으로써 추가 매수한 분량의 주식에서 캐피털 게인과 인컴 게인의 혜택을 모두 누린 덕분이다.

또한 배당 재투자 전략은 약세장에서 진가를 발휘한다. 내가 보유하고 있는 종목은 전부 연속 증배 종목으로, 2000년의 닷컴 버블 붕괴나 2008년의 금융 위기 속에서도 계속해서 배당을 늘린 기업들이다. 그런 까닭에 약세장에서 주가가 하락해 저평가·고배당 수익률이 된 주식을 배당금으로 추가 매수할 수 있으며, 추가 매수한 주식은 다음 강세장이 찾아왔을 때 자산 증가를 가속시키는 장치가 되어 준다.

주의해야 할 점은 '연속 증배주'와 '고배당주'를 혼동하지 않는 것이다. 연속 증배주의 경우는 불황기에 배당 수익률이 높아지므로 가격이 하락한 주식을 배당금으로 더 많이 살 수 있게 되지만, 고배당주의 경우는 불황기에 감배를 실시할 때가 종종 있기 때문에 가격이 내린 주식을 사려고 해도 배당이 줄어든 탓에 충분히 사들이지 못할 수 있다.

그러므로 투자를 할 때는 20년 이상의 연속 증배 실적이 있거나(즉 2000년의 닷컴 버블 붕괴와 2008년의 금융 위기 속에서도 증배를 실시했거나) 혹은 연속 증배 실적이 20년 미만이더라도 사업의 높은 경쟁 우위성을 배경으로 안정된 배당을 기대할 수 있는 종목에 주목하기 바란다.

7

바이백 종목보다
배당주를 선택해야 하는 이유

일부에서는 "배당 재투자 전략은 배당금의 일부를 세금으로 내야 하기 때문에 바이백 종목에 투자하는 것보다 불리하다."라는 의견도 있다.

버핏타로는 이것이 맞는 말이라고 생각하지만, 그럼에도 바이백 종목에는 투자하지 않는다. 그 이유는 '바이백 종목에 대한 투자는 탁상공론인 동시에 리스크 허용도를 넘어설 정도로 변동성이 크기 때문'이다.

'바이백(Buyback) 종목'이란 적극적으로 자사주 매입을 실시하는 기업을 말한다. 기업은 주식 시장에 나돌고 있는 자사주를 되삼으로써 EPS(주당 순이익)을 끌어올릴 수 있다. 그래서 1월부터 12월까지의 1년 회계연도 동안 순이익이 오르지 않더라도 자사주 매입을 계속하면 장기적으로 주가를 상승시킬 수 있다.

나의 배당 재투자 전략은 기업에서 투자자에게 배당이 지급될 때 현지 과세로 10퍼센트가 차감된 뒤 다시 국내 과세 20.315퍼센트가 부과되어 합계 28.283퍼센트가 차감된다(10퍼센트의 현지 과세분에 대해서는 소득에 따라 환급받을 수 있다). 그리고 세금이 차감된 분량을 재투자하므로 당연히 세전 배당액에 비해 추가 매입할 수 있는 주식의 양이 20~30퍼센트 감소한다.

한편 바이백 종목은 투자자에게 배당을 지급하지 않는 대신 자사주를 매입하므로 세금을 낼 필요 없이 더 많은 자사주를 되살 수 있다. 그래서 장기적으로 보면 연속 증배주에 대한 배당금 재투자 전략보다 바이백 종목에 투자하고 장기 보유하는 편이 더 많은 수익을 낼 수 있다. 다만 바이백 종목 투자의 단점은 투자한 기업이 미래에도 자사주 매입을 계속해 줄지 어떨지를 알 수 없다는 것이다. "세금을 고려하면 바이백 종목에 대한 장기 투자가 연속 증배주에 대한 배당금 재투자 전략보다 유리하다."라고 한들, 미래에도 자사주 매입을 계속해 줄 기업을 미리 알 수 없다면 바이백 종목에 투자할 수는 없다.

'그건 연속 증배주에 대한 투자도 마찬가지 아니야?'라고 생각할지 모르는데, 조금 다르다. 기업이 자사주 매입을 계속할지 어떨지 알 수 없는 것과 마찬가지로 배당을 계속 지급할지 아닐지 또한 미리 알 방법은 없다. 그러나 기업 경영진은 자사주 매입보다 배당을 중시하는 경향이 있다. 배당은 경영진의 평가에 큰 영향을 끼치기 때문이다. 만에 하나 감배를 발표하면 주가가 급락하고 '경영에 실패했다'는 낙인이 찍히기 때문에 경영진은 한번 배당액을 결정하면 그 배당을 유지하려고 노력한다.

한편, 자사주 매입은 경영진의 평가에 그다지 영향을 끼치지 않는다. 자사주 매입을 발표하면 일시적으로 주가가 오르기는 하지만, 그 후 정말로 자사주 매입이 실시된다는 보장은 없다. 또한 대부분의 바이백 종목은 호황기일수록 자사주 매입을 하며, 불황에는 자사주 매입을 하지 않는다. 고평가된 주식을 더 많이 사들이고 저평가된 주식은 외면하는 것이므로 그다지 현명한 행동이라고 할 수 없다.

아울러 바이백 종목 중에는 변동성이 큰 종목도 적지 않다. 바이백 종목으로 유명한 홈센터 체인인 로우스 컴퍼니스(Lowes Companies)는 2007년에 발생한 부동산 버블 붕괴의 영향으로 주가가 60퍼센트나 폭락했다. 또한 미국 최대의 의료 서비스 기업인 유나이티드 헬스 그룹(United Health Group)은 2008년의 금융 위기로 70퍼센트나 폭락했고, 신용카드 회사인 아메리칸 익스프레스(American Express) 역시 같은 기간에 80퍼센트가 넘는 폭락을 기록했다.

폭락 후 주가가 급반등하고 실적 회복과 함께 자사주 매입이 부활할 것이라고 미리 알 수만 있다면 모두가 바이백 주식이 부진에 빠졌을 때 투자해서 부자가 될 수 있을 것이다. 하지만 자신의 금융 자산이 반 토막 이하가 되고 수많은 전문가와 애널리스트가 입을 모아

"이 종목은 가망이 없는 쓰레기에요."

라고 떠들 때에도 진득하게 장기 투자를 할 수 있는 투자자가 얼마나 될까?

이렇게 말하면 "겁쟁이들은 그래서 돈을 못 버는 거야. 나라면 바이백 종목이 하락했을 때 과감하게 뛰어들 텐데."라며 도발을 하는 사람이 꼭 나오는데, 그런 사람들에게 안성맞춤인 종목이 있다. 바이백 종목으로 유명한 가구·인테리어 소매 체인인 베드 배스 앤드 비욘드(Bed Bath & Beyond)로, S&P500지수에 포함된 대형주다. 이 회사는 과거 6년 동안 발행 주식의 42퍼센트를 되사는 등 적극적으로 자사주 매입을 실시했다. 그런데 아마존닷컴이 온라인 쇼핑에서 약진하면서 이 회사는 부진에 빠져

주가가 2014년 최고가 기준 75퍼센트나 폭락했다. 현재 베드 배스 앤드 비욘드의 주식은 '끝물에 접어든 쓰레기 주식'으로 평가받고 있다(2020년 7월 기준, 매출이 50% 급감했고 약 200개 매장을 폐점할 예정이다).

이처럼 바이백 종목은 자사주 매입이 지속적으로 실시되리라는 보장이 없을 뿐만 아니라 변동성이 크다. 장기 투자를 하려고 해도 대부분의 경우 투자자의 리스크 허용도를 넘어서기 때문에 적어도 나는 투자 대상으로 삼지 않는다.

바이백 종목에 투자하는 것이 무조건 잘못이라고는 말하지 않는다. 베드 배스 앤드 비욘드의 실적이 회복될지 어떨지는 예상하기 어렵지만, 로우스 컴퍼니스의 경우는 실적이 곧 회복되리라는 것을 비교적 쉽게 예상할 수 있었다. 애초에 로우스 컴퍼니스는 부동산 버블의 붕괴로 실적이 악화되었을 뿐이므로 부동산 경기가 회복된다면 실적도 회복되리라는 예상이 가능한 것이다(언제 경기가 회복될지 그 시기는 아무도 모르지만).

변동성이 크다는 사실은 변함이 없으므로 겁이 많고 신중한 투자자에게는 적합하지 않지만 리스크 허용도가 큰 투자자라면 바이백 종목에 투자해도 좋을 것이다.

8

최강의 머니 머신 만드는
3단계

기존 투자서들을 보면 투자 철학 같은 내용만 잔뜩 적혀 있고 실제로 어떤 상황에서 어떻게 하라는 핵심적인 내용이 담겨 있지 않다. "책을 팔고 싶으면 더 친절하게, 자세히 알려 달라고!"라는 불만을 품었던 사람도 적지 않을 것이다. 그래서 나는 머니 머신을 만드는 구체적인 방법을 여러분에게 친절하게 설명하려 한다.

먼저, 머니 머신을 만드는 순서는 다음과 같다.

STEP 1 : 종목 수를 결정한다

STEP 2 : 경기 순환별로 종목 수를 결정한다

STEP 3 : 개별 종목을 결정한다

STEP 1 　종목 수를 결정한다

보유하고자 하는 종목의 수를 미리 결정한다. 앞에서 이야기했듯이 개인 투자자에게 최적의 종목 수는 8~16종목이므로 처음에는 10종목을 기준으로 포트폴리오를 만들 것을 권한다.

물론 처음에 정한 종목 수를 끝까지 유지할 필요는 없다. 운용을 하다 보면 투자하고 싶은 종목이 더 생길 것이다. 처음에는 너무 많지만 않으면 된다.

STEP 2 　경기 순환별로 종목 수를 결정한다

다음에는 경기 순환별로 종목 수를 결정한다. 각각의 경기 국면마다 강한 섹터가 있다. 구체적으로는 다음과 같다.

회복 국면 IT주, 금융주

호황 국면 자본재주, 일반소비재·서비스주, 소재주

후퇴 국면 에너지주

불황 국면 생활필수품주, 헬스케어주, 통신주, 공익주

2017년은 경기 회복 국면에 해당하기 때문에 FAAMG로 대표되는 주요 IT주가 호조를 보였다. 또한 금리 인상의 혜택을 누릴 것으로 보이는 금융주도 앞으로 인기를 끌 것으로 생각된다.

이어서 호황 국면이 되면 기업의 투자나 개인의 소비가 활발해지고, 자본재주나 일반소비재·서비스주 같은 경기 민감주의 인기가 높아진다. 이들 섹터의 주가가 크게 상승할 때는 주식 시장 전체가 강세장이 되기 때문에 아무 주식이나 들고 있기만 해도 모두가 돈을 버는 상태가 되므로 자칫 자신이 천재 투자자가 된 듯 자만하기 쉽다.

그러다가 경기가 후퇴하기 시작하면 대부분 섹터의 주가가 떨어진다. 이때 에너지주의 주가가 오를 가능성이 있다.

마지막으로 불황 국면에서는 거의 모든 주식이 폭락한다. 호황 국면에서 자신이 천재 투자자인 줄 알고 우쭐대던 투자자들은 입에 거품을 물고 기절하게 된다.

한편 경기가 좋든 나쁘든 상관없이 실적이 착실한 섹터도 있는데, 그것이 바로 생활필수품주와 헬스케어주 등이다. 이들 섹터는 경기가 좋을 때 실적이 향상되지는 않지만, 경기가 나쁘다고 해서 실적이 하락하지도 않는다. 불황 국면에서 이들 섹터 역시 주가가 쑥쑥 오르지는 않는다. 다른 섹터보다는 덜 떨어지는 정도이므로 변동성이 낮은 섹터라고 생각하기 바란다.

각각의 경기 국면에 강한 섹터가 존재하는 까닭에 호황 국면에 강한 자본재주나 일반소비재·서비스주, 소재주에 어느 정도 분산투자를 했더라도 불황 국면이 되면 섹터 내의 모든 종목이 크게 하락하므로 제대로 분산투자가 되었다고는 말할 수 없다.

이러한 점을 감안하면서 자신의 취향에 맞춰 종목 배분을 결정한다. 예를 들면 '회복 2종목, 호황 4종목, 후퇴 1종목, 불황 3종목'을 설정하는 식이다. 보수적인 투자자라면 '회복 3종목, 호황 2종목, 후퇴 1종목, 불황 4종목'을 선택할 수도 있다. 참고로 나는 '회복 1종목, 호황 1종목, 후퇴 1종목, 불황 7종목'으로 배분한 상당히 보수적인 포트폴리오를 구축하고 있다. 이것은 바이 앤드 홀드를 전제로 했고, 10종목이라는 비교적 적은 수로 포트폴리오를 디자인했기 때문에 한 종목당 변동률을 억제하고 싶었기 때문이다.

좀 더 자세히 설명하면, 분산투자를 하는 종목의 수가 적을수록 한 종목당 변동률이 자산 전체에 끼치는 영향이 커지는 경향이 있다. 그래서 8~10종목 정도로 분산투자를 할 경우, 지나치다 싶을 정도로 보수적으로 포트폴리오를 만드는 것이 적당하다. 한편 16~20종목 정도로 분산투자를 한다면 한 종목당 변동률이 자산 전체에 끼치는 영향이 작아지므로 자본재주나 일반소비재·서비스주, 혹은 소재주 등 변동률이 큰 종목을 포트폴리오에 적극적으로 포함시켜도 좋을 것이다.

이제 마지막으로 개별 종목을 결정해야 한다. 특별한 대박 종목에 투자하지 않더라도 돈이 돈을 낳는 머니 머신을 만들 수 있다. 모두가 알고 있는 우량주에 투자하기만 해도 충분한 수익을 기대할 수 있다. 나 역시 코카콜라나 존슨앤드존슨 등 모두가 알고 있는 종목에 투자하고 있다.

그런 까닭에 미국 주식에 장기 투자하고 있는 투자자들의 보유 종목은 다들 비슷비슷하다. 투자자 중에는 포트폴리오가 너무 평범하다며 부끄럽게 생각하는 사람도 있는 모양이지만, 그럴 필요가 전혀 없다. 모두가 아이폰을 사용하면서도 그것을 부끄럽게 생각하지 않는다. 누가 봐도 우수한 스마트폰이기 때문이다. 미국 주식도 마찬가지다. 누가 봐도 우수한 종목에 투자하고 있는 것이므로 당당하게 투자하면 된다.

STEP 3 개별 종목을 결정한다

마지막으로 개별 종목을 선정하는 단계다. 버핏타로가 엄선한 30개 종목을 소개할 예정이다. 각각의 종목에 대한 설명을 해야 하니 다음 페이지로 넘어가겠다.

배당일자 관련 용어 알아두기

· **배당락일(Ex-Date)**: 배당에 대한 권리가 떨어진 날. 배당락일 전날까지 주식이나 ETF를 보유해야 배당을 받을 수 있다. 배당락일 전날에 주식을 매수하고 배당락일에 바로 매도하더라도 배당금을 받을 수 있다.

· **배당 기준일(Record Date)**: 배당을 받을 주주들을 결정하는 기준이 되는 날이다. 배당락일 전날까지는 주식을 매수해야 배당기준일에 주식이 결제된다.

· **배당 지급일(Payment Date)**: 배당이 주주들에게 지급되는 날을 말한다.

9

초보 배당 투자자를 위한
추천 종목 30종

머니 머신을 만들어 돈이 돈을 낳게 하고 싶다면 아무 종목에나 투자하지 말고 질적으로 우수한 우량주에 투자해야 한다. 그래서 머니 머신에 최적인 황금 종목을 엄선해 소개하려 한다.

여기에서 소개한 종목은 전부 영속적인 현금 흐름을 기대할 수 있을 뿐만 아니라 안정된 배당도 기대할 수 있는 종목들이다. 또한 특정 수치를 조건으로 해서 기계적으로 추려낸 것이 아니다. 현재의 연속 증배 실적은 훌륭하지 않더라도 앞으로 안정적인 배당을 기대할 수 있다고 생각한 종목도 선택했다 (164~173페이지).

172~173페이지의 '황금 종목 30종 한눈에 보기' 표에서 네 번째 칸의 '영업 C/F'는 과거 3년 동안의 평균 영업 활동 현금 흐름 마진을 표시한 것으로, 이것이 높을수록 경쟁 우위성이 높은 사업을 보유하고 있다는 의미다. 다만 소매주나 에너지주는 사업 구조상 영업 활동 현금 흐름 마진이 낮아지는 경향이 있으니 이 점을 고려하기 바란다.

내가 꼽은 황금 종목 30종은 전부 경쟁 우위성이 높은 종목들이어서 최소 10~15년의 장기 보유를 기대할 수 있다. 그 이상 장기로 보유할 수 있을지는 개별 종목의 사정에 따라 달라질 수 있으며, 환경의 변화에 따라 경쟁 우위가 위협받는 경우도 있을 것이므로 확언은 할 수 없다. 음료나 세제, 담배 같은 제품은 타 경쟁사의 제품과 비교했을 때 성능이나 품질에 그다지 큰 차이가 없고, 브랜드 파워가 승패를 좌우하기 때문에 코카콜라 등은 20~30년 이상 보유할 수 있을 것으로 생각된다.

만약 장기 보유할 수 있을 만큼의 자신감이 없다면 무리하게 투자하지 말아야 한다. 만약 장기 보유할 자신이 있는 종목이 5종목(포트폴리오 전체의 30~60퍼센트)밖에 없다면 나머지 40~70퍼센트는 S&P500 ETF로 대체하는 등 개개인에 맞게 분산투자하기 바란다. 참고로 개별 종목의 갱신 정보는 각 증권사 사이트에서 볼 수 있다.

이들 종목을 중심으로 포트폴리오를 구축하기만 해도 누구나 놀랄 만큼 쉽게 머니 머신을 만들어 돈이 돈을 낳는 구조를 지속할 수 있다. 그러나 한심한 투자자는 황금 종목에 투자하면서도 잘못된 투자 방법으로 자신의 수익률을 악화시키기 마련이다. 바꿔 말하면 아무리 고급 식재료를 준비해도 한심한 투자자는 잘못된 방법으로 요리하는 바람에 귀한 식재료를 망쳐 버리는 것이다. 그래서 다음 장에서는 고급 식재료를 망치지 않도록 한심한 투자자들이 저지르기 쉬운 잘못된 투자법과 올바른 투자 방법을 소개하려고 한다.

황금 종목 30종 기업 소개

● **애플: AAPL**

스마트폰 '아이폰'이 매출액의 60퍼센트를 차지하며 캐시카우가 되고 있다. 앞으로도 강력한 브랜드 파워를 무기로 높은 수익성과 안정된 배당을 기대할 수 있다. 2016년에는 워런 버핏의 주력 투자 종목이 되었다.

● **마이크로소프트: MSFT**

세계적인 소프트웨어 기업으로, PC용 OS '윈도우'와 업무용 소프트웨어인 '오피스'가 세계 1위를 차지하고 있다. 최근에는 클라우드 서비스인 '오피스365'와 '애저'도 성장했다. 라이선스 등 법인을 대상으로 한 수입이 착실하며, 안정된 현금 흐름의 원천을 다수 보유하고 있다.

● **인텔: INTC**

세계 최대의 반도체 제조사. PC용 CPU의 세계 점유율은 80퍼센트에 이른다. 그러나 모바일용 CPU는 영국의 ARM에 고전하고 있다. 2014년에 증배를 실시하지 않았지만 장기적으로 안정된 배당을 기대할 수 있는 우량주다.

● **IBM: IBM**

IT 서비스 대기업. 불채산 부문에서 철수하면서 22사분기 연속 수익이 감소했지만, 이익률이 높은 클라우드, 분석, 모바일, 소셜, 보안의 전략 분야에 적극적으로 투자하고 있으며 착실히 성장하고 있다. 밝은 미래의 조짐이 보인다.

● **웰스파고: WFC**

대형 소매 금융으로, 주택 대출이나 중소기업 융자 분야에서 미국 1위, 자동차 대출과 학생 대출 분야에서 미국 2위다. 은행으로서의 브랜드 파워가 절대적이며, 워런 버핏의 주력 종목이기도 하다.

● **US 뱅코프: USB**

미국 5위의 금융 지주 회사이자 소매 금융, 법인 대상 금융, 상업 부동산, 자사 관리·운용, 증권·결제 업무 등 종합 금융 서비스를 제공한다. 수익성이 우수하며, 앞으로는 안정된 배당도 기대할 수 있다.

● **3M: MMM**

거대 복합기업. '포스트잇'이나 '스카치 브라이트' 등의 소비재 브랜드로 유명하지만, 전기, 전자, 헬스케어, 통신, 자동차·교통, 사무실 등 폭넓은 산업 분야에 제품을 공급하고 있다. 연속 증배 연수가 무려 58년으로 반세기 이상 배당을 늘려 왔다. 배당 성향은 약 50퍼센트로 감배의 우려는 없다.

● **유니온 퍼시픽: UNP**

미국 최대의 철도 운송 회사. 업계 재편 이후 수익성이 증가함에 따라 영업 활동 현금 흐름 마진이 30퍼센트를 초과했다. 또한 연속 증배 연수는 7년으로 비교적 짧지만, 수익성이 개성되고 있는 것도 있어서 앞으로는 지속적인 증배를 기대할 수 있다.

● **캐터필러: CAT**

세계 최대의 중장비 제조사. 수익의 기둥은 자원 개발·건설업자용 유압 셔블과 불도저이며, 'CAT'라는 브랜드로 유명하다. 실적이 경기에 많이 좌우되는데, 앞으로 세계 경제의 확대가 예상되는 가운데 실적 확대가 기대된다.

● **에머슨 일렉트릭: EMR**

전기·전자 기기를 제조하는 복합기업. 60년 연속 증배를 기록하고 있는, 대표적인 연속 증배 종목이다.

● **홈디포: HD**

세계 최대의 홈센터. 소매업계가 거대 인터넷 소매 기업인 아마존의 약진으로 고전하는 가운데서도 홈센터의 상품은 하나같이 덩치가 커서 인터넷 판매에는 부적합한 까닭에 별다른 피해를 입지 않았다. 또한 주택 시장의 호조를 배경으로 앞으로도 실적의 확대가 기대된다.

● **맥도날드: MCD**

세계 최대의 외식 체인. 매출액의 일부와 임대료가 프랜차이즈 수입으로서 수익의 기둥이 되고 있어 이익률도 높으며 안정된 현금 흐름을 기대할 수 있다. 연속 증배 연수는 40년이며, 감배의 가능성은 낮다.

● **엑손모빌: XOM**

세계 최대의 석유 회사. 석유·가스의 탐사·생산, 연료·화학품의 정제·판매 등을 전 개하는 수직 통합형 에너지 기업이다. 원유 가격이 상승하면 상류 부문이 수익을 벌어들이고, 하락하면 하류 부문이 뒷받침하는 식으로 리스크를 분산하고 있다.

● **셰브런: CVX**

세계적인 석유 회사 중 하나. 엑손모빌과 마찬가지로 수익 통합형이지만 약간 상 류 부문에 집중하고 있기 때문에 원유 가격이 상승하는 국면에서는 엑손모빌보다 도 주가가 더 빨리 상승한다. 물론 반대로 원유 가격이 하락하는 국면에서는 엑 손모빌보다 주가가 하락하기 쉽다.

● **프록터앤드갬블: PG**

세계 최대의 생활용품 회사. 다채로운 브랜드를 보유하고 있는데, 최근에 이익률 이 낮은 브랜드를 매각하며 선택과 집중을 통해 이익률을 개선했다. 연속 증배 연 수는 60년이다.

● **코카콜라: KO**

세계 최대급의 소프트 음료 회사. 주력 브랜드인 '코카콜라'를 필두로 한 상품이 전 세계의 소매점과 음식점에서 판매되고 있다. 최근에는 이익률이 낮은 보틀링 사업을 프랜차이즈화함에 따라 수익과 이익이 감소하고 있지만, 2018년 12월기 이후에는 이익률이 개선될 것으로 기대되고 있다.

● **펩시코: PEP**

미국 최대급의 소프트 음료와 과자 회사. 영업 활동 현금 흐름 마진은 코카콜라보다 떨어지지만 소프트 음료와 과자로 사업 분산에 성공한 덕분에 탄산음료 소비가 감소하는 가운데 이익은 착실한 추이를 보이고 있다.

● **필립모리스 인터내셔널: PM**

세계 최대의 담배 회사. 2008년에 알트리아 그룹의 미국 외 사업이 분리해서 탄생했다. 주력 브랜드인 '말보로'를 필두로, 세계에서 가장 많이 팔리는 담배 브랜드 15개 가운데 6개를 보유하고 있다. 전자 담배 '아이코스'도 호조를 보이고 있다.

● **알트리아 그룹: MO**

미국 최대의 담배 회사. 주력 브랜드인 '말보로'를 필두로 '라크'와 시가인 '블랙 앤드 마일드'를 보유하고 있으며, 와인 사업도 전개하고 있다. 담배 회사는 진입 장벽이 높기 때문에 라이벌과 치열한 경쟁을 벌여야 할 일도 없다.

● **월마트: WMT**

세계 최대의 소매 체인. 미국의 저소득층으로부터 절대적인 지지를 받고 있으며, 저비용 경영으로도 유명하다. 최근에는 IT화의 촉진으로 기존 점포의 매출액과 고객 수 모두 개선되고 있다. 또한 신흥 인터넷 쇼핑몰인 '제트'를 인수함으로써 월마트의 인터넷 쇼핑 사업이 비약적으로 확대되었다.

● 콜게이트-파몰리브: CL

가정용품 부문에서 미국 3위. 치약은 주력 브랜드인 '콜게이트 토털'이 세계 점유율 1위를 자랑한다. 생활용품뿐만 아니라 애완동물 용품 사업도 전개해 200개 이상의 국가와 지역에서 판매하고 있다. 또한 50년 이상에 걸쳐 증배를 거듭하고 있다.

● 몬델리즈 인터내셔널: MDLZ

대형 식품 회사로, 비스킷과 초콜릿, 사탕 부문에서 세계 1위를 자랑한다. '나비스코'와 '트라이던트' 등 다양한 브랜드를 보유하고 있다. 2012년에 북아메리카 식품 부문을 분리함에 따라 지역별 매출액의 약 75퍼센트를 미국 밖에서 벌어들이고 있어 달러 약세 시 특히 강하다.

● 크래프트 하인즈: KHC

세계 5위의 식품 회사. 2015년에 치즈류의 크래프트와 토마토케첩의 하인즈가 합병해 탄생했다. 워런 버핏의 주력 종목으로도 유명하다.

● 존슨앤드존슨: JNJ

종합 헬스케어 회사. '의약품', '의료 기기', '생활용품'의 세 부문으로 구성되어 있으며, 의약품 부문에서 세계 5위, 의료 기기 부문에서는 세계 1위를 다투고 있다. 생활용품 부문에서는 밴드에이드와 리스테린 등 다양한 브랜드를 보유하고 있다.

● **애브비: ABBV**

대형 바이오 제약 회사. 2013년에 애보트에서 분사되어 탄생했다. 류머티즘 치료약인 '휴미라'가 주력이다.

● **암젠: AMGN**

바이오 의약품 제조사. 유전자 조작 기술을 기반으로 의약품을 개발하고 있으며, 주력은 류머티즘 관절염 치료약인 '엔브렐'과 백혈구 증식제인 '뉴라스타'다. 현금 흐름 마진이 40퍼센트를 초과할 만큼 경쟁 우위성이 매우 높다.

● **애보트: ABT**

종합 헬스케어 회사. '유아용 분유·영양 보조 식품', '면역 검사·측정 기기', '입증된 의약품(의료 현장에서 널리 사용되어 실적을 쌓은 특허 만료 의약품)', '혈관계 의료 기기'의 네 분야를 기둥으로 다각화 경영을 하고 있다.

● **AT&T: T**

세계 최대급의 통신 서비스 회사. 과거에는 미국의 전화 사업을 독점했었지만 1980년대에 지역 전화 회사를 분리시켰다. 2005년에는 본래 산하였던 SBC 커뮤니케이션에 역인수되었다. 통신 요금이 주된 수익원이지만, 경쟁사와 차별화하기 위해 미국 최대의 위성 방송 사업자인 다이렉TV를 인수하는 등 콘텐츠에도 힘을 쏟을 방침이다.

● **버라이즌 커뮤니케이션스: VZ**

세계 최대급의 통신 서비스 회사로서 AT&T와 양대 산맥 체제를 구축하고 있다. 2014년에 버라이즌 와이어리스를 완전 자회사화했다. 통신 요금이 주된 수익원이지만, 경쟁사와 차별화하기 위해 2015년에 온라인 회사인 AOL을 인수하고 미국 야후의 인터넷 사업을 인수하는 등 인터넷 광고 분야에 힘을 쏟고 있다.

● **서던 컴퍼니: SO**

미국 최대급의 전력·가스 회사. 전력과 가스를 합친 고객 수는 미국 2위인 900만 명이다. 현금 흐름 마진은 30퍼센트대가 넘으며, 배당 수익률도 비교적 높다.

초보 배당 투자자를 위한
황금 종목 30선 한눈에 보기

	섹터 (경기순환)		회사명	종목 코드	현재가 ($)	영업C/F (%)	배당성향 (%)	배당 수익률 (%)	배당 주기	연속 증배 연수
1	회복	IT	애플	AAPL	106.84	31.43	23.73	0.77	분기	7
2			마이크로소프트	MSFT	200.39	37.79	34.55	1.12	분기	13
3			인텔	INTC	49.89	36.76	23.80	2.65	분기	2
4			IBM	IBM	122.76	19.49	73.58	5.31	분기	17
5		금융	웰스파고	WFC	25.13	47.39	226.67	1.59	분기	5
6			U.S. 뱅코프	USB	37.62	62.03	52.83	4.47	분기	6
7	호황	기본재	3M	MMM	169.55	20.75	66.06	3.47	분기	58
8			유니온 퍼시픽	UNP	199.80	33.31	48.20	1.94	분기	7
9			캐터필러	CAT	152.39	15.42	55.01	2.70	분기	7
10			에머슨 일렉트릭	EMR	67.85	17.19	62.19	1.03	분기	60
11		소비재	홈디포	HD	275.19	10.13	52.33	2.18	분기	4
12			맥도날드	MCD	220.27	25.05	77.81	2.27	분기	40
13	후퇴	에너지	엑손모빌	XOM	37.19	10.98	207.14	9.36	분기	34
14			쉐브론	CVX	78.21	14.57	233.65	6.60	분기	31

	섹터 (경기순환)	회사명	종목 코드	현재가 ($)	영업C/F (%)	배당성향 (%)	배당 수익률 (%)	배당 주기	연속 증배 연수
15		프록터앤드갬블	PG	137.37	20.66	61.06	2.30	분기	60
16		코카콜라	KO	50.45	22.59	76.42	3.215	분기	54
17		펩시코	PEP	131.47	15.92	79.34	3.11	분기	44
18		필립 모리스 인터내셔널	PM	78.08	29.52	100.21	6.15	분기	9
19	생활 필수품	알트리아그룹	MO	39.84	18.62	348.39	8.63	분기	8
20		월마트	WMT	135.29	5.73	34.13	1.60	분기	43
21		콜게이트 -파몰리브	CL	75.83	19.14	57.86	2.32	분기	53
22	불황	몬덜리즈 인터내셔널	MDLZ	56.52	13.02	48.93	2.23	분기	3
23		크래프트 하인즈	KHC	29.74	13.35	102.56	5.38	분기	3
24		존슨앤드존슨	JNJ	149.18	25.91	67.84	2.71	분기	54
25	헬스 케어	애브비	ABBV	90.11	27.89	98.47	5.24	분기	44
26		암젠	AMGN	247.72	40.82	49.80	2.58	분기	6
27		애보트	ABT	106.86	16.24	79.07	1.35	분기	44
28		AT&T	T	28.93	24.79	126.22	7.19	분기	32
29	통신	버라이즌 커뮤니케이션스	VZ	60.35	25.98	53.25	4.16	분기	10
30	공익	서던 컴퍼니	SO	52.81	31.91	81.97	4.65	분기	15

※ 저자가 추천한 황금 종목 30개의 기본 정보에 더하여 2020년 9월 현재가와 배당수익률, 배당성향을 업데이트하였습니다.
※ 투자 시점의 가격, 배당수익률, 배당성향은 달라질 수 있으니 유의하시고, 개별 종목 투자 전 반드시 확인하시기 바랍니다.

〈출처: Investing.com〉 2020년 9월 15일 기준

피케티가 증명한
자본주의의 잔혹함

프랑스의 경제학자인 토마 피케티(Thomas Piketty)는 'r > g'라는 부등식으로 자본주의가 얼마나 잔혹한지를 증명했다. 'r'은 'return on capital'의 머리글자로서 자본 수익률(투자 수익률)을 의미하고, 'g'는 'economic growth rate'의 머리글자로서 경제 성장률(임금 증가율)을 의미한다.

피케티는 세계 20개국의 세무 데이터를 200년 이상 거슬러 올라가며 15년간 조사했는데, 그 결과 200여 년 동안 자본 소득률이 연평균 4~5퍼센트 성장한 데 비해 경제 성장률은 1~2퍼센트에 그쳤음을 밝혀냈다. 다시 말해 자본주의는 '자본가 > 노동자'가 성립하는 방향으로 유도되며 격차가 확대되도록 디자인되어 있다는 것이다.

노동자들은 종종 격차 시정과 급여 인상 등을 요구하며 시위를 한다. 나는 시위를 하느니 일해서 벌어들인 돈으로 주식을 사서 자본가를 지향하는 편이 낫다고 생각한다. 황금주에 투자하면 안정된 배당을 기대할 수 있고, 장기 보유하면서 배당금을 재투자하기만 해도 영속적으로 자산을 늘려 나갈 수 있기 때문이다. 그럼에도 비투자자들은 "배당이 보장되어 있는 것도 아니고, 기업이 도산할 리스크도 있잖아?"라고 반론하며 주식 투자를 하려고 하지 않는다. 그리고 실제로 그런 일이 일어나면 "역시 투자는 안 하는 게 속 편해. 예금이 최고지."라고 말한다.

이것이야말로 전형적인 정보 약자의 모습이다. 그들은 안전과 원금 보장 그 이상은 생각하지 않는다. 어째서 배당이 보장되지 않고, 왜 기업은 도산하는가? 어떤 비즈니스가 안정적인 배당을 줄 수 있는가? 그런 생각을 하다 보면 어떤 기업, 어떤 섹터에 투자해야 할지가 보이기 시작한다. 다음 장에서 다루겠지만, 예를 들어 코카콜라사는 거의 영속적으로 이익을 낼 수 있는 회사다. 그런 시스템을 만들어 놓았다.

대부분의 비투자자는 여기까지 생각하지 않는다. 그들은 노동을 해서 버는 만큼만 자산을 소유하게 될 것이다. 세상이 돌아가는 시스템을 아느냐 모르느냐에 따라 돌이킬 수 없을 정도의 자산 격차가 발생한다는 점에서 자본주의는 정말로 잔혹하다는 생각이 든다.

제 4 장

왕초보 투자자를 위한 조언

타이밍은 중요하지 않다, 규칙을 정한 뒤 기계적으로 실행하라

투자에서 성공하기 위해서는 쉽고 간단한 의사결정 프로세스와 명문화한 투자 방침을 정하고, 무슨 일이 있더라도 일관되게 실행해야 한다.

나 역시 독자적인 투자 방침을 정해 꾸준히 실행하고 있다. '매달 마지막 금요일, 포트폴리오에서 가장 비율이 낮은 종목을 5,000달러 추가 매수한다'는 방침이다.

이렇게 규칙을 지키면서 투자하고 있는데도 "생각도 안 하고 투자를 하다니."라며 바보 취급 하거나 "시장의 변화에 대응하지 못하잖아."라고 지적하는 사람이 있다. 그러나 전 세계의 투자자가 닷컴 버블 붕괴와 금융 위기를 피하지 못하고 자산을 잃었다는 사실을 생각하면 애초에 시장의 변화에 유연하게 대응한다는 것은 탁상공론에 불과함을 알 수 있다.

그래서 나는 타이밍을 맞추려고 하기보다는 일관성 있게 투자하는 편이 더 현명하다고 생각한다. 명확한 투자 규칙을 정하고 그것을 무슨 일이 있어도 지키는 것이다. 추가 매수를 하는 날을 미리 정해 놓으면 어떤 상황이 모든 두려움에 휩쓸리지 않고 로봇처럼 기계적으로 추가 매수할 수 있다. 규칙이 없으면 투자를 진행하기 상당히 어렵다.

투자의 세계에서는 장기적으로 보면 투자 타이밍이 수익률에 끼치는 영향은 거의 없다고 알려져 있다. 언제 투자를 하느냐는 그다지 중요하지 않다. 그러나 주가나 가치를 지나치게 신경 쓰는 투자자일수록 '좀 더 저렴해진 다음에 사자' 같은 생각을 하면서 바닥을 기다리거나 적절한 타이밍을 잡으려 하다가 결국 평생이 가도 추가 매수를 하지 못한다.

실제로 2016년 이후의 일관된 강세장 속에서 대부분의 투자자들은 추가 매수를 주저하다 기회 손실을 보고 말았다. 한편 나는 시장 과열이 지적되는 가운데서도 기계적으로 추가 매수를 했다. 그 결과 주가 상승에 따른 수익은 물론 배당까지 얻을 수 있었다.

내가 포트폴리오의 최저 비율 종목을 5,000달러어치 추가 매수하는 이유는 이렇게 하면 항상 저평가된 비인기 종목을 적정한 비율로 추가 매수할 수 있기 때문이다. 금액도 정확하게 정해놓는다. 그렇지 않으면 주가가 하락하면 더 떨어질지도 모른다고 생각하며 추가 매수를 미루다 할인 가격으로 추가 매수할 수 있는 모처럼의 기회를 놓치거나, 반대로 천재일우의 기회라고 생각해 대량으로 추가 매수를 해버려서 포트폴리오의 균형을 엉망으로 만들기 쉽다.

한편 나처럼 규칙을 미리 세워 놓으면 할인된 가격에 살 수 있는 기회를 놓치지도 않고, 과도하게 추가 매수해서 포트폴리오를 엉망으로 만들지도 않으면서 정기적으로 포트폴리오를 조정(리밸런싱)할 수 있다.

시장에 휘둘리거나 할인 가격의 주식을 놓치거나 포트폴리오를 엉망으로 만들지 않기 위해서라도 쉽고 간단한 형태로 의사결정 프로세스를 만들고, 투자 방침을 글로 작성해 일관되게 실행하는 편이 현명하다. 또한 투자 방침을 결정할 때는 가급적 단순하고 알기 쉬운 형태로 만드는 것이 바람직하다. 투자 방침이 복잡할수록 꾸준히 반복해서 실행하기가 정신적으로 힘들어지기 때문이다.

그리고 개인 투자자가 나처럼 매달 5,000달러씩 추가 매수를 하기는 어려울 것이다. 매달 주식을 추가 매수할 필요는 전혀 없다. 반년에 한 번, 혹은 1년에 한 번만 추가 매수를 해도 상관없다. 중요한 것은 미리 정해 놓은 규칙에 따라 정기적으로 종목 배분을 조정하는 것이기 때문이다.

2

주위에 휩쓸리지 말고
자신만의 투자 스타일을 지켜라

한심한 투자자일수록 투자 판단을 할 때 타인의 의견에 휩쓸리는 경향이 있다. 예를 들어 워런 버핏이 IBM의 주식을 사면 똑같이 IBM의 주식을 산 다음 IBM의 주식이 얼마나 대단한지를 열심히 이야기하면서 자신이 조사해 보고 좋아서 산 것이지 버핏이 사니까 따라서 산 것은 절대로 아니라고 말하는 식이다. 버핏이 IBM의 주식을 매각하면 똑같이 IBM의 주식을 판 다음 이번에는 IBM의 주식이 얼마나 투자할 가치가 없는 종목인지를 이야기하기 시작한다.

내가 있지도 않은 이야기를 지어낸다고 생각할지도 모르지만, 정말로 그런 사람이 적지 않다. 그러나 '버핏이 산 주식은 우량주이고, 버핏이 판 주식은 쓰레기 주식'이라는 식으로 결론을 정해 놓고 투자 판단을 하는 사람은 스스로 생각해서 투자 여부를 판단하지 못하기 때문에 시장이나 뉴스에 휘둘리기만 한다.

또한 '5ch(일본의 익명 커뮤니티 사이트로, 우리나라의 디씨인사이드와 비슷함)' 같은 인터넷 익명 게시판을 관계자만 아는 고급 정보가 올라오는 성지로 착각하는 사람이 있는데, 그런

⋮ 폐기물 저장소 같은 곳에 좋은 정보가 있을 리 없다. ⋮

왜 그런 폐기물 저장소를 정보의 성지로 착각하는 한심한 투자자가 많을까? 어쩌다 보니 운 좋게 살아남은 투자자의 의견만이 모여 있는 장소이기 때문이다.

구체적으로 이런 식이다. 가령 바이오주 열풍이 불면 바이오주에 투자한 사람은 우상이 되고 그 밖의 투자자들은 전부 바보 취급을 받는다. 그러면 바이오주에 투자했다가 돈을 번 사람이 우쭐대며 자신이 얼마를 벌었는지, 바이오 섹터의 미래가 얼마나 밝은지에 관해 웅변을 늘어놓고, 그들보다 수익률이 낮은 투자자들은 입을 다물 수밖에 없다.

전후 사정을 모르는 5ch의 정보 약자들은 "대단하십니다! 좋

은 정보 감사합니다!"라며 오늘 처음 알게 된 회사에 대해 조사하지도 않고 투자한다. 그리고는 바이오주가 얼마나 유망하고 훌륭한지에 관해 열심히 설명하기 시작한다.

그러나 바이오주 열풍이 끝나면 그때까지 바이오주에 투자했던 사람들은 홀연히 모습을 감추고, 그 대신 FAAMG 종목에 투자했던 사람들이 의기양양하게 나타난다. 그들이 FAAMG주와 미국 IT 섹터의 미래에 관해 웅변을 늘어놓기 시작하면 또 5ch의 정보 약자들은 "와, 귀중한 정보네요!"라며 오늘 처음 알게 된 IT 기업의 주식에 투자하고는 그 종목이 얼마나 유망한지 열심히 설명한다.

익명 게시판에 불과한 5ch에 우량 정보가 모여 있는 것처럼 보이는 이유는 어쩌다 보니 운이 좋았던 투자자의 의견만이 모여 있고 그때의 열풍에서 도태된 투자자는 입을 다물고 있기 때문인 것이다.

많은 투자자가 비관적으로 생각하는 종목이 사실은 기회일 경우도 있다. 나는 2016년 1월 블로그에 투자 종목을 모두 공개했다. 이때 내가 월마트와 맥도날드에 투자하고 있다는 것에 대해 비판적인 댓글이 많이 달렸다. 당시 월마트는 아마존이 약진하면서 실적이 악화되고 있었고, 맥도날드도 유통기한이 지난 고기를 사용한 문제와 신흥 햄버거 체인인 쉐이크쉑의 등장으로 저물어가는 프랜차이즈 취급을 당했기 때문이다. 그러나 2016년부터 2017년 말까지 두 회사의 수익률은 월마트가 61.1퍼센트, 맥도날드가 45.7퍼센트로 S&P500지수의 30.8퍼센트를 크게 웃돌았다.

이제 '남의 의견'은 대부분 귀 기울일 가치가 없다는 사실을 알았을 것이다. 그러니 주위의 의견에 휩쓸려서 일관된 투자 스타일을 무너뜨리지 말기 바란다.

3

왕초보 투자자가
절대 해서는 안 되는 행동 여섯 가지

아무리 훌륭한 종목에 투자해도 투자 방식이 잘못되면 수익률을 최대화할 수 없다. 좋은 투자를 하기 위해서는 다음에 설명하는 몇 가지만 주의하면 충분하다. 어려운 테크닉이 필요한 것도 아니다. 경험이 적고 미숙한 투자자가 저지르기 쉬운 잘못을 정리했으니 이런 실수를 저지르지 않도록 주의하며 운용하기 바란다.

⚠ 투자금 몰빵

'몰빵'은 속된 표현이긴 하지만, 초보자일수록 자신의 투자금을 전부 쏟아부어서 주식을 사는 경향이 있으므로 주의해야한다. 첫 투자에서 가진 자금을 전부 다 써버리면 주가가 폭락했을 때 추가 매수할 여력이 없으며 자산 전체의 변동률도 커지기 때문에 조금만 하락해도 패닉에 빠지기 쉽다. 투자금 몰빵은 강세장에서는 수익을 최대화할 수 있지만, 주가가 빠지기 시작하면 견디지 못하고 패닉 셀을 하는 등 리스크가 커지기 때문에 추천하지 않는다.

⚠ 바닥에서 사려는 욕심

일반적으로 주식은 싸게 사서 비싸게 파는 것이기 때문에 많은 투자자가 주식이 바닥 가격에 왔을 때 사고 싶어 한다. 그러나 보통의 투자자가 바닥 가격에서 사는 것은 불가능에 가깝다. 바닥이라고 생각했는데 그 뒤로도 계속 떨어지는 경우가 종종 있다.

폭락하는 종목의 바닥을 노리기보다는 실적 개선을 확인한 다음에 사는 것이 낫다. 그 시점에는 바닥 가격에서 10~20퍼센트 정도 상승했겠지만, 그래도 그때부터 사기 시작하는 것이 보다 안전하고 바른 방식이다.

더 떨어질까 겁나서 바닥 줍기를 못하는 것이나 주가가 반등한 뒤에야 사는 것이 꼴사납다거나 창피하게 생각된다면 그것은 여러분이 초보자이기 때문이다. 경험을 쌓은 투자자는 바닥 줍기가 운에 의지하는 도박임을 알고 있기 때문에 바닥을 다지고 올라올 때 매수한다.

⚠ 팔랑귀 투자

주가가 천장을 뚫고 계속 오를 때는 시장 과열이 지적되기 때문에 추가 매수를 하기 부담스러운 분위기가 조성된다. 실제로 미국 주식 시장은 2013년에 다우존스지수가 과거 최고치인 1만 4,000달러를 돌파한 이래 줄곧 시장 과열이 지적되고 있다. 2016년에는 저명한 투자자 짐 로저스가 "미국 주식은 명백히 고평가 상태이며 1년 이내에 폭락할 확률이 100퍼센트"라고 말한 바 있다.

그러나 2017년 12월 말에 다우존스지수가 약 2만 5,000달러까지 상승했음을 생각하면 시장이 과열되었다든가 곧 폭락할 것이라는 이야기는 대체 무엇이었냐는 생각이 들지 않을 수 없다. 이 기간 동안 시장 과열을 경계해서 전혀 투자하지 않았다면 커다란 기회 손실을 본 셈이다.

시장이 과열되었다든가 폭락할 것이라는 의견은 틀릴 때도 많으니 곧이곧대로 받아들이지 말고, 미리 정해 놓은 의사 결정 프로세스에 따라 일관되게 투자하는 것이 현명하다.

⚠ 욕심 때문에 배당 재투자 미루기

돈이 돈을 낳는 머니 머신을 만들고 싶다면 배당을 재투자해서 머신의 규모를 점점 키워 나가야 한다. 그런데 욕심 많은 투자자일수록 시장 과열이 지적되는 동안에는 주가가 좀 더 하락해서 저평가 상태가 된 뒤에 더 많이 매수하자고 생각하다 결국 배당금만 쌓아두는 상황을 만들곤 한다.

그러나 저평가 상태가 된 뒤에 주식을 추가 매수하려고 욕심내다가 주가가 더욱 상승해서 영원히 추가 매수 타이밍을 잡지 못하게 될 수도 있다. 그러니 배당금은 정기적으로 재투자하는 것을 규칙으로 삼고, 이 규칙을 일관되게 지키자.

⚠ 잘못된 종목 분석

개별 종목을 분석할 때 과거의 실적이나 주가만을 보고 '이 종목은 실적 성장률이 엄청나구나!'라고 눈을 반짝이며 인기 종목에 집중투자했다가 실패하는 경우가 종종 있다.

2015년경에는 당시 열풍이었던 바이오섹터 외에도 월트 디즈니나 나이키, 스타벅스, 언더아머, 치폴레 멕시칸 그릴(Chipotle Mexican Grill, 멕시코풍의 패스트푸드 체인점), 풋로커 등의 일반 소비재 섹터가 인기를 모았다. 금융 위기로 일반 소비재 섹터의 주가가 일제히 폭락했다가 경기가 회복됨에 따라 실적이 급속히 올라갔기 때문이다. 2011년부터 2015년 말까지 5년 동안의 주가 상승률은 월트디즈니가 180퍼센트, 나이키가 193퍼센트, 스타벅스가 320퍼센트, 언더아머가 488퍼센트, 치폴레 멕시칸 그릴이 126퍼센트, 풋로커가 232퍼센트를 기록하며 S&P500지수의 63퍼센트를 크게 웃돌았다. 그 시기에는 이들 종목에 투자하고 있기만 해도 다른 투자자들로부터 선망의 대상이 되었다.

그러나 2016년부터 2017년 말까지 2년 동안의 주가 상승률을 되돌아보면 월트디즈니는 2퍼센트, 나이키는 0퍼센트, 스타벅스는 마이너스 4퍼센트, 언더아머는 마이너스 65퍼센트, 치폴레 멕시칸 그릴은 마이너스 40퍼센트, 풋로커는 마이너스 28퍼센트로 S&P500지수 평균인 31퍼센트를 크게 밑도는 결과가 나왔다.

한심한 투자자일수록 고작 몇 년의 실적과 주가 추이만을 보고 이 경향이 영원히 계속되리라고 착각한다. 그러나 영원히 계속되는 트렌드는 없다. 많은 투자자가 안심하고 투자하는 타이밍일수록 오히려 경계하는 편이 현명하다. 지금도 IT 섹터에서 그때와 같은 광경을 볼 수 있다. 과거 수년 사이 FAAMG를 필두로 주요 IT 종목이 크게 상승한 것은 사실이지만, 영원히 계속되는 강세장은 존재하지 않는다는 사실을 생각하면 특정 섹터나 종목에 대한 과도한 낙관은 금물이다.

⚠ 질투와 초조함에서 비롯된 성급한 투자

'강세장에서는 누구나 쉽게 바이 앤드 홀드를 할 수 있지만, 약세장이 찾아오면 그때까지의 각오를 시험받게 된다.' 이런 식으로 생각하는 것은 경험이 적은 미숙한 투자자뿐이다. 오히려 강세장일수록 더욱 시험에 빠지기 쉽다. 강세장에서는 자신이 투자한 것보다 훨씬 좋은 성적을 내는 투자 대상이 계속해서 등장하기 때문이다. 그래서 많은 투자자가 자신의 투자 방식에 불안과 불만을 느낀다.

최근에 가상화폐 시장에서 몇백, 몇천 배의 수익을 냈다고 알려지자 투자자들은 일제히 가상화폐에 손을 댔다. 한심한 투자자일수록 타인의 투자 성적에 초조함과 질투심을 느끼고 리스크가 높은데도 욕심에 눈이 멀어 덜컥 손을 댄다.

투자한 종목의 수익률은 물론 중요하다. 다만 그 종목에 자산의 몇 퍼센트를 투자하느냐는 그 이상으로 중요하다. 예를 들어, 현금 5천만 원을 들고 있는 사람이 비트코인을 100만 원어치 사고 그것이 1년 사이에 두 배로 뛰어서 200만 원이 되었다 한들 자산 총액은 5,200만 원(4퍼센트 증가)이 될 뿐이다. 그러나 5천만 원으로 주식을 4천만 원어치 사고 그 주식이 10퍼센트 상승했다면 자산 총액은 5,400만 원(8퍼센트 증가)이 된다.

"애초에 비트코인을 5천만 원어치 사서 두 배로 불렸으면 좋았잖아?"라고 말하는 사람도 있겠지만, 1년 사이에 두 배가 될 것을 기대할 수 있다면 한편으로는 1년 사이에 반 토막이 날지도 모르는 리스크가 있는 것이다. 아무리 미래의 가치 상승과 수익을 기대하더라도 이렇게 큰 리스크를 감수하는 것은 권하지 않는다. 따라서 리스크가 낮고 더 많은 비중을 비교적 안전하게 투자할 수 있는 투자 대상을 찾아내는 것이 수익률이 높은 종목을 찾아내는 것보다 훨씬 중요하다.

한심한 투자자일수록 다른 사람의 투자 성적에 대한 질투심과 초조함에서 그때까지 일관되게 지켜왔던 투자 스타일을 쉽게 무너뜨린다. 그런 한심한 투자자를 볼 때마다 나는 워런 버핏의 일화를 떠올린다.

몇 년 전, 아마존닷컴의 창업자 제프 베조스는 워런 버핏과 점심 식사를 하면서 이런 질문을 했다.

"당신의 투자 철학은 참으로 단순 명쾌하죠. 그런데 왜 아무도 따라 하려 하지 않을까요?"

이에 워런 버핏이 답했다. "천천히 부자가 되려고 하는 사람은 아무도 없지요.

다들 빨리 부자가 되고 싶어 하기 때문

이라고 생각합니다."

세상의 모든 소중한 것들 중 빠르고 쉽게 얻을 수 있는 것은 없다. 돈과 부 역시 마찬가지다. 일관된 투자 원칙을 지키고 배당에 재투자하며 자산을 영속적으로 늘려가는 것이 가장 빨리 부를 쌓는 방법이라고 생각한다.

4

'하이 리스크 하이 리턴'을
믿지 말라

투자자는 각자 리스크를 감당하는 만큼의 그릇을 가지고 있다. 그 그릇의 크기는 투자자의 성격이나 장래 목표에 따라 달라지기도 하지만 인생의 단계에 따라서도 달라질 수 있다. 각자에게 다른 리스크 허용량은 생애 주기에 따라서도 달라지는 만큼 유일무이한 포트폴리오는 존재할 수 없다.

예를 들어 공무원처럼 평생고용이 보장되고 은퇴 후에도 연금이 나오는 사람이 아닌 이상은 평생 먹고 살 걱정을 한다. 대기업에 다닌다 해도 보너스나 인센티브가 크게 삭감될 수 있고, 사내 경쟁에서 뒤처질 수도 있으며 구조조정의 대상이 될 위험도 있다. 인정할 수 없는 부당한 평가나 부조리한 인사이동으로 스스로 회사를 그만둘 수도 있으며, 부모나 가족의 사정으로 어쩔 수 없이 퇴사해야 하는 상황이 올지도 모른다. 그런 리스크를 생각했을 때, 평상시부터 수비적인 종목 중심의 포트폴리오를 짜거나 채권에 분산투자하는 방법도 검토해야 한다.

같은 연령대라 해도 앞뒤 생각하지 않는 성격의 투자자가 있는가 하면 겁이 많고 소심한 투자자도 있다. 따라서 젊다고 해서 모두 높은 리스크를, 나이 들었다고 해서 모두 낮은 리스크를 짊어질 필요는 없다. 사람에 따라서는 미국 주식뿐만 아니라 채권이나 리츠 등에 폭넓게 분산투자하는 것도 중요하다. 미국 외 선진국 주식, 신흥국 주식 등 폭넓은 자산군(Asset classes)에 분산투자함으로써 리스크를 억제하면서 수익을 최대화할 수도 있다.

실제로 2000년부터 2009년 12월까지 10년 동안 폭넓은 자산군에 분산투자했을 경우와 미국 주식에 집중투자했을 경우를 비교했을 때 전자의 수익률이 더 좋았다. 다음 페이지의 차트를 보자. '미국 주식 100퍼센트'에 집중투자했을 경우 손해를 본 데 비해 폭넓은 자산군에 분산투자한 '뱅가드 믹스'는 최초의 10만 달러가 약 20만 달러로 두 배 가까이 상승했음을 알 수 있다. 또한 채권에 투자함으로써 리스크도 억제했다.

🔍 큰 이익을 낸 것은 어느 쪽?

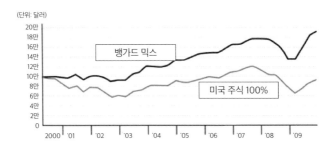

광범위한 자산에 투자(뱅가드 믹스) VS 미국 주식 100%
(2000년~2009년, 초기 투자 금액은 10만 달러)

뱅가드 믹스의 투자 자산 구성과 비율
33%: 확정 금리부 채권(VBMFX), 27%: 미국 주식(VTSMX),
14%: 외국 주식(VDMIX), 14%: 신흥 시장(VEIEX), 12%: REITs(부동산 투자 신탁/VGSIX)

출처: 뱅가드, 모닝스타

　이것만 보면 '폭넓게 분산투자를 하면 리스크를 억제하면서 수익을 최대화할 수 있구나!'라고 생각할지도 모른다. 그러나 주의해야 할 점은 이 차트가 2000년(닷컴 버블 붕괴 직전)부터 시작해서 2009년 말(금융 위기 직후)에 끝났다는 사실이다. 요컨대 주식 시장이 불운으로 가득했던 10년을 의도적으로 잘라내 '폭넓은 자산군에 분산투자하는 것이 최고다!'라는 결론을 의도적으로 만들어낸 차트인 것이다.

　과거를 되돌아봤을 때 주식이 채권이나 리츠의 수익률을 웃돌아 왔음은 89페이지의 차트에서도 증명되었다. 앞으로도 이런 경향은 변하지 않을 것이라면 장기 투자자는 주식에 집중투자하는 편이 현명하다고 할 수 있다.

요컨대, 특정 시대로 나누면 채권에 분산투자하는 편이 현명할 경우도 있지만 장기적으로 보면 주식에 집중투자하는 것이 최적의 답이라고 할 수 있는 것이다.

그러므로 미국 주식에 집중투자해야 할지 아니면 채권 또는 리츠 등 폭넓은 자산군에 분산투자해야 할지를 투자자의 리스크 허용도를 감안하며 검토해야 하는데, 이때 주의해야 할 점이 있다.

자신의 리스크 허용도는
자신이 생각하는 것만큼 크지 않다

는 사실이다. 자신의 리스크 허용도를 잘못 파악해 감당할 수 없을 만큼 리스크가 높은 거래를 하고, 그 결과 갑작스러운 조정 국면에서 주식을 투매해 버리는 일도 일어날 수 있다.

따라서 미국 주식에 100퍼센트 집중투자할 경우라도 수비적인 종목에 비교적 많이 분산투자함으로써 리스크를 최소한으로 억제하는 등의 궁리가 필요하다.

버블이 아니라고 생각할수록
버블일 수 있다

2017년의 강세장을 뒷받침한 것은 FAAMG로 대표되는 주요 IT 종목으로, 이 다섯 종목이 S&P500지수의 상승분 가운데 약 30퍼센트를 책임졌다. 그래서 빨리 부자가 되고 싶은 조급한 투자자일수록 가지고 있었던 주식을 팔고 FAAMG 등의 주요 IT 종목으로 자금을 옮겼다.

그러나 영원히 계속되는 열풍은 없다. 열풍은 생겼다가 사라지고 또 생겼다가 사라지기를 반복해 왔다.

지금의 FAAMG 열풍 이전에는 바이오주 열풍이 있었다. 2000년대에는 풍부한 자원과 인구를 보유한 'BRICs(브라질, 러시아, 인도, 중국의 머리글자를 딴 신흥강국 명칭)'를 중심으로 한 신흥국 주식 열풍이 불었다. 그러나 금융 위기를 계기로 신흥국의 주식 시장에서 달러가 대량으로 유출되자 신흥국 주식 시장은 대폭락했다.

1990년대에는 미국에서 IT주 열풍이 불었고 훗날 닷컴 버블로 발전했는데, 닷컴 버블 당시 IT주에 대한 기대감이 너무 커서 이익이 나지 않는 종목까지 매수하고 회사 이름에 '닷컴'이 붙기만 해도 주가가 급등하는 등 과열감이 나타났다. 그러나 버블이 꺼지자 마이크로소프트의 주가가 직전 최고가 기준 마이너스 63퍼센트, 애플이 마이너스 80퍼센트, 아마존닷컴 같은 경우는 마이너스 94퍼센트나 폭락했고, 많은 투자자가 눈앞에서 자산이 사라져가는 것을 망연자실하게 지켜볼 수밖에 없었다.

1980년대 일본에서도 주식 투자 열풍이 불면서, 닛케이평균 주가가 3만 8,915엔까지 폭등했다(1989년 12월 29일 종가). 그러나 부동산 가격의 폭락과 노동 생산 인구(15~64세 인구) 감소의 영향으로 주가가 폭락했고, 버블 붕괴로부터 약 30년이 지난 지금도 당시의 최고가 기준으로 약 40퍼센트 낮은 수준에 머물러 있다.

히피와 사이키델릭이 유행했던 1970년대에는 미국에서 니프티피프티(nifty fifty, 잘나가는 50종목) 열풍이 불었다. 이 니프티

피프티 종목에는 IBM과 듀퐁, 제너럴 일렉트릭, 코닥, 제록스, 폴라로이드 등 당시 각광을 받았고 기관 투자자들이 좋아했던 우량 대형주들이 포함되어 있었다. 기관 투자자들은 이들 종목이 폭락 우려가 없고 실적이 순조롭게 성장하며 시장을 혼란시키지 않고도 거액의 포지션을 잡을 수 있었기 때문에 선호했다. 그들은 '한 번에 대량으로 산 다음 묵혀 두기만 해도 자신이 불어날 것'이라고 생각했다. 그러나 기대와 달리 주가는 대폭락했다. 니프니피프티 가운데 27개 종목이 직전 최고가 기준으로 평균 84퍼센트나 폭락한 것이다. 니프니피프티 종목 대부분이 PER 100배 수준까지 상승한 것이 폭락의 원인 중 하나였다.

그리고 더 거슬러 올라가 인류가 최초로 달에 착륙한 1960년 대에는 투자계가 '트로닉스(Tronics) 열풍'에 휩싸였다. 회사명에 '스페이스'라든가 '일렉트로닉스' 같은 단어가 들어 있기만 해도 주가가 급등했다. 그러나 안일한 기대감으로 과대평가되었던 주식들은 하나같이 PER이 높았고, 결국 전부 대폭락해 시장에서 도태되고 말았다.

이런 식으로 열풍은 반복되었다가 사라졌다. FAAMG의 열풍도 언젠가는 끝이 날 것이며 미래에는 또 다른 새로운 열풍이 탄생해 투자자들을 열광시킬 것이다.

이런 역사적 사실을 볼 때 개인 투자자들은 눈앞의 열풍에 현혹되지 말아야 한다. 그러나 문제는 주가가 상승하고 있을 때면 그 이유를 정당화하려는 사람이 많아지며 대부분의 사람이

그것을 버블이라고 생각하지 않는다

는 데에 있다.

예를 들어 아마존의 PER은 약 207배로서 S&P500지수의 25배를 크게 웃도는데, 이것은 많은 투자자가 아마존의 미래를 낙관적으로 전망한다는 의미다. 앞으로 더 많은 소비자가 인터넷 쇼핑과 동영상 콘텐츠를 이용할 것이고 많은 기업이 클라우드 서비스인 아마존 웹 서비스(AWS)를 계속 이용할 것이므로 자연스럽게 미래의 이익도 기대할 수 있다면서 높은 PER을 정당화하는 것이다.

또한 최근 아마존 이외의 대형 IT주 중에서도 PER이 높은 종목이 늘어나고 있어 시장 과열이 경계되고 있지만, 역시 투자자들이 낙관적인 전망을 보이고 있기 때문에 현재의 가치가 정당화되고 있다.

그래서 열풍에 뛰어들지 말라고 해도 많은 투자자가 '이건 일시적인 열풍이 아니야', '정당한 이유가 있어'라고 생각하기 때

문에 열풍에 뛰어들지 못하게 하기는 매우 어렵다.

그래도 개인 투자자에게 한 가지 조언을 한다면, 낙관적인 전망으로 희망을 부풀리면서 들어간 투자일 경우에는 주의하는 편이 좋다. 반대로 숙고를 거듭한 끝에 걱정과 불안 속에서 투자 판단을 한 경우는 오히려 성공 가능성이 높다.

꾸준한 적립 투자와
배분 조정이 당신을 부자로 만든다

돈이 돈을 낳는 최적의 머니 머신을 만들고 잘 굴러가게 하고 싶다면 정기적으로 하는 적립 투자와 배분 조정(리밸런싱)이 중요하다.

나는 매달 500만 원을 계좌에 입금하고 여기에 배당금을 더해서 약 5,000달러어치의 주식을 추가 매수함으로써 적립 투자와 배분 조정을 동시에 실천하고 있다.

꾸준히 입금하고, 꾸준히 주식을 추가 매수해서, 꾸준히 자산을 늘린다.

이른바

부자의, 부자에 의한, 부자를 위한 투자

를 하고 있는 것이다.

대부분의 직장인에게 매달 50만 원을 떼어내어 꾸준히 투자하는 것은 부담스러운 일일 것이다. 처음부터 이 금액으로 시작해야 하는 것은 아니고, 또 매달 같은 금액으로 적립 투자하고 배분 조정을 하지 않으면 의미가 없다는 이야기는 아니니 안심하기 바란다.

적립 투자와 배분 조정이 중요한 근본적인 이유는, 주식을 한 번에 많이 살 경우 타이밍에 따라서는 장기적으로 투자 성적이 부진에 빠지는 경우도 있기 때문이다. 그렇기 때문에 매달 일정 금액으로 투자를 함으로써 매수 타이밍에 차이를 두어 타이밍에 따르는 리스크를 낮추는 것이다. 여기에 정기적으로 배분 조정을 하면서 저평가된 종목이나 섹터를 추가 매수한다면 자산 전체의 수익률을 향상시킬 수 있다.

배분 조정을 할 때 고평가된 종목을 꼭 매도해야 하느냐는 의문도 있을 터인데, 나는 이익 확정(주가가 올랐을 때 매각해 차액을 버는 것)을 추천하지 않는다. 양도 수익에 세금이 부과되기 때문에 매매를 반복할수록 세금과 매매 수수료가 늘어나기 때문이다. 그래서 나는 장기 투자할 가치가 있는 종목을 샀다면 그것이 고평가 상태가 되었더라도 그대로 보유하고 저평가된 종목만 집중적으로 추가 매수하고 있다.

참고로, 사람마다 수입과 지출에 차이가 있으므로 적립 투자나 배분 조정을 반드시 이렇게 해야 한다는 의무사항은 없다. 예를 들어, 매달 일정한 금액을 적립하기는 힘든 상황이지만 6개월에 150만 원을 모아 투자할 수 있다면 그렇게 해도 되고, 나아가 1년에 한 번만 적립 투자를 해도 무방하다. 꾸준히 기계적으로 반복 실천하는 것이 중요하다. 자신에게 맞는 최적의 규칙을 정하고 그 규칙에 따라서 운용하기 바란다.

그러면 배분 조정에 관해 정리해 보겠다.

① '최저 비율 종목'이 뭘까?

나는 매달 마지막 금요일에 포트폴리오의 최저 비율 종목을 5,000달러어치 추가 매수함으로써 각 종목의 비율이 균등해지도록 배분 조정을 한다. 이 '최저 비율 종목'이란 포트폴리오에서 평가액(자산을 시가로 평가해서 얻은 금액)이 가장 작은 종목이다. 각 종목의 평가액은 그 주가가 오르내림에 따라 변동하기 때문에 그 시점에서 평가액이 커지는 종목도 생기고 작아지는 종목도 생긴다. 그 결과 평가액이 가장 작은 종목을 추가 매수함으로써 평가액의 순위를 높여 주는 것이다.

② 투자를 시작할 때는 배분 조정을 어떻게 해야 할까?

투자를 시작하려고 생각하는 사람들은 아마 자산액도 적을 것이다. 추가 매수를 했다가 그 종목이 포트폴리오의 최고 비율 종목이 되어서 한동안 추가 매수를 못하기도 한다. 처음에는 그래도 상관없다. 눈덩이를 굴리듯이 조금씩 자산액을 키워 나가면 추가 매수만으로는 최고 비율 종목이 되지 않을 것이다.

③ '최저 비율 종목=저평가'인 것은 아니지 않나?

포트폴리오의 최저 비율 종목이라는 것은 단순히 주가가 하락한 종목이지 본질적인 가치보다 저평가되었다는 의미가 아니다. 그러므로 경우에 따라서는 '본질적인 가치보다 고평가'라는 말이 나오고 있음에도 '최저 비율 종목'이라는 이유만으로 추가 매수하는 경우도 있을 것이다.

그러나 이것은 문제가 되지 않는다. 주식 시장에서는 효율적 시장 가설에 따라 대체로 적정한 가격이 붙기 때문에 애당초 시장을 앞질러 가기는 불가능하다(아무도 닷컴 버블의 붕괴나 금융 위기를 회피하지 못했음을 떠올리기 바란다). 하물며 초보 투자자가 시장을 앞질러 가는 것은 절대 불가능하다! 개인 투자자는 포트폴리오의 배분 조정을 우선하며 시장이 제시하는 가격으로 순순히 주식을 추가 매수하는 것이 최선이다.

④ 보유 종목을 늘리고 싶어졌을 때는?

자신의 포트폴리오에 새로운 종목을 추가하고 싶어졌다면 전체의 균형을 생각하며 신중하게 결정하기 바란다. 가령 생활필수품 섹터가 포트폴리오의 절반을 차지하고 있다면 새로 추가하는 종목은 생활필수품 섹터 이외의 종목이어야 바람직하며, 불황 국면에 강한 종목으로만 구성되어 있다면 회복 국면이나 호황 국면에 강한 섹터 중에서 선택하는 식이다.

⑤ 보유 종목을 매도하고 싶어졌을 때는?

팔고 싶은 종목이 있을 경우는 어떻게 해야 할까? 나중에 팔고 싶어질 것 같은 종목은 처음부터 투자하지 말아야 한다. 가령 전문가들이 우량주라고 평가한다는 이유만으로 잘 알지도 못하는 종목에 투자하면 주가가 급락했을 때 패닉 셀을 할 수 있기 때문이다.

사업의 경쟁 우위성이 높고, 여러분이 이해할 수 있을 만큼 단순하고 알기 쉬우며, 주가가 반 토막이 나더라도 자신 있게 보유할 수 있는 종목에만 투자하기 바란다. 시장에 그런 종목이 많지 않아서 충분히 분산투자할 수 없을 경우, 나머지 투자금은 S&P500 ETF에 투자하는 식으로 분산하면 된다.

7

배당주 투자는
'알 수 있는 미래'에 투자하는 것이다

투자는 도박이라는 의견이 있다. 경마나 룰렛, 슬롯머신처럼 '어떻게 될지 알 수 없는 미래에 돈을 거는 것'을 모두 도박이라고 말한다면 주식 투자는 도박인지도 모른다. 그러나 '알 수 있는 미래'에 투자하는 것은 딱히 도박이 아니지 않을까?

가령 미래에 세계의 인구는 증가하고 일본의 인구는 감소할 것이라든가, 인터넷 쇼핑의 이용자가 폭발적으로 증가할 것이라든가, 자율 주행 자동차가 보급될 것이라는 예측은 우리가 모두 알고 있고, 알 수 있는 미래다. 이것을 주식 투자에 응용하면 코카콜라에 투자하는 것은 절대 도박이 아님을 알 수 있다.

예를 들어 마트나 편의점, 패스트푸드점이나 패밀리레스토랑에 가 보면 상당히 높은 확률로 코카콜라사의 제품을 볼 수 있다. 소매점이나 음식점이 코카콜라사와 제휴하면 주스, 에너지음료 등 폭넓은 종류의 음료를 일괄적으로 취급할 수 있을 뿐만 아니라 안정적으로 공급받을 수 있는 있기 때문이다. 그 결과 소비자는 필연적으로 코카콜라사의 제품을 접할 기회가 늘어나며, 또한 음식점에서는 코카콜라사와 독점적으로 계약하는 경우가 많기 때문에 소비자가 다른 회사의 소프트 음료를 선택할 여지가 사라진다(무료 드링크 바 등이 그렇다). 또한 코카콜라사와 독점 계약을 체결한 음식점은 어지간해서는 다른 회사로 갈아타지 않기 때문에 코카콜라사는 안정된 현금 흐름을 기대할 수 있다.

코카콜라사의 제품이 앞으로도 계속 팔릴 것이라는 사실은 '알 수 있는 미래'다. 따라서 '알 수 없는 미래'에 돈을 거는 경마나 룰렛과 같은 도박으로 취급하기에는 무리가 있다. 물론 주식 투자도 종목에 따라서는 알 수 있는 미래와 알기 어려운 미래가 있다. 가급적 독점적 지위를 지녀 안정적인 수익이 예상되는 종목에 투자하는 편이 현명하다.

8

미국 주식 예측 ①
2034년까지 미국 경제 확장이 계속된다

다우존스지수가 2009년에 6,496.95달러로 바닥을 찍은 뒤로 일관되게 강세장이 계속되어 왔기 때문에 시장 참가자 사이에서는 슬슬 미국 주식이 폭락하지 않을까 경계하는 목소리도 들리기 시작했다. 그러나 나는 단기적인 조정 국면은 있을 수 있어도 앞으로 2034년경까지는 거대한 강세장이 이어질 것으로 생각한다.

다음 페이지의 차트는 1915년부터 2017년까지 102년 동안의 물가 상승률을 보정한 다우존스지수인데, 이 차트를 보면 17년 주기로 경제가 '확대'와 '정체'를 거듭하고 있음을 확인할 수

🔍 미국 경제는 17년 주기로 '확대'와 '정체'를 반복하고 있다

'2034년까지는 미국 경제가 계속 확대될 것'이 버핏타로의 예상!

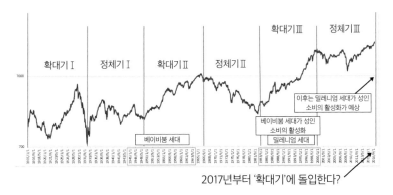

2017년부터 '확대기'에 돌입한다?

다우존스지수(물가 상승률 보정 후) 1915~2016년

있다. 이것은 절대 우연이 아니며 명확한 요인이 있다. 1946년부터 1964년까지의 약 20년은 베이비붐 시대인데, 이 시기와 두번째 경기 확대기가 거의 겹친다. 이 시대에 태어난 아이(베이비부머)가 성인이 되고, 결혼하고, 자녀를 낳고, 집을 사고, 자동차를 사는 등 소비가 가장 활발해진 시기가 1983년부터 2000년까지의 20년에 해당된다. 또한 1983년부터 2000년 사이에 태어난 자녀들은 밀레니얼 세대로, 2017년 이후 이들의 소비가 가장 활발해지는 시기를 맞이하면서 경기 활성이 가속될 것으로 예상된다.

이런 역사를 살펴본다면, 앞으로 2034년까지는 미국 경기가 더욱 확대되어 수많은 투자자가 자산을 불리는 '자이언트 불(Giant Bull, 거대한 강세장)'의 시대에 돌입할 것으로 예측된다. 투자를 하는 사람과 하지 않는 사람 사이에 자산 격차가 절망적일 만큼 벌어지는 시대가 찾아온다는 말이다.

이런 얘기를 들으면 '2034년 이후에는 주식을 파는 편이 좋겠군.'이라고 생각하는 사람도 있을지 모르는데, 애초에 나는 투자를 그만둘 생각이 없다. 매달 50만 원을 꾸준히 적립 투자하고 연평균 7퍼센트의 수익을 거두면 35년 후에는 10억 원이나 되는 자산을 구축할 수 있는데 왜 주식을 팔겠는가? 25세부터 미국 주식에 투자를 시작해서 60세에 10억 원의 자산을 구축했다고 가정하자. 60세에 바로 10억 원을 전부 현금화할 필요가 있을까? 미국의 연속 증배 고배당주에 투자하고 있다면 주가가 오르든 내리든 매년 3퍼센트(연간 3천만 원) 정도의 배당금을 기대할 수 있으므로 굳이 돈이 열리는 나무를 베어 버릴 이유가 전혀 없다. 그대로 주식 시장에서 자산을 운용하는 편이 현명하다.

경기 후퇴가 예상된다거나 혹은 은퇴 연령이 되었다고 해서 바로 출구 전략을 준비할 필요는 없다. 투자 자산이 충분히 커졌다면 필요할 때 필요한 만큼 배당금을 받아 사용할 수 있다.

배당으로 부족하다면 필요한 만큼만 주식을 팔아 이익 실현을 하되 나머지는 그대로 계속 운용하면 된다. 정말 필요할 때 꼭 필요한 만큼만 열매를 따서 쓰도록 하자.

미국 주식 예측 ②
수익률 격차가
플러스로 전환될 때를 주의하라

2034년까지 거대한 강세장이 계속된다고 해서 중간에 불황이나 폭락이 없지는 않을 것이다. 단기적인 조정 국면은 언제 찾아와도 이상하지 않다. 많은 전문가가 경제 주기로 봤을 때 2019~2020년에 불황이 찾아오지 않을까 예상하나, 미국의 경제 상황과 FRB의 태도에 따라 이 시기는 다소 유동적이다.

다음 페이지의 차트는 과거 30년간 다우존스지수, 미국 2년 국채, 10년 국채의 수익률 격차를 나타낸 것이다. 예를 들어 미국 2년 국채의 수익률이 2퍼센트이고 미국 10년 국채의 수익률이 3퍼센트라면 수익률 격차는 마이너스 1퍼센트다. 이것이 일

🔍 '확대기'에도 폭락은 당연히 일어난다!

미국 2년 국채의 수익률이 상승하는데 미국 10년 국채의 수익률이 상승하지 않으면 미국 주식은 폭락한다?

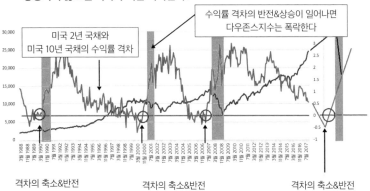

과거 30년 동안의 다우존스지수, 미국 2년 국채와 미국 10년 국채의 수익률 격차

반적이다. 그런데 과거 미국 국채의 수익률 격차가 0퍼센트 아래로 내려갔다가 그 후 반등해서 플러스로 전환될 때가 있었는데, 그때 미국 주식 시장은 경기 후퇴(Recession)에 접어들며 주가가 폭락했다(차트에서 회색 부분이 경기 후퇴기를 나타낸다).

구체적으로 살펴보면, 1990년에 수익률 격차가 마이너스에서 플러스로 전환되자 경기 후퇴기에 접어들면서 다우존스지수가 불과 3개월 만에 20퍼센트가 넘게 폭락했다. 또한 2000년에도 마찬가지로 수익률 격차가 마이너스에서 플러스로 전환되자 닷컴 버블이 붕괴되면서 경기 후퇴기에 접어들었고, 다우존스지수는 3개월에 걸쳐 거의 40퍼센트에 가까운 폭락을 보였다. 아울러 2007년에도 수익률 격차가 마이너스에서 플러스로 전환된 직후에 서브프라임 모기지론 문제가 수면 위로 떠오르며 경기 후퇴기에 접어들었고, 다우존스지수는 2년 동안 약 50퍼센트나 폭락했다. 요컨대 과거의 경험으로 미루어볼 때 수익률 격차가 마이너스까지 떨어졌다가 그 후 플러스로 전환되면 경기는 후퇴하며 주식 시장은 폭락한다는 말이다.

차트를 보면 알 수 있듯이, 현재 미국 국채의 수익률 격차는 일관되게 축소되고 있다. 미국의 중앙은행에 해당하는 FRB가 단계적으로 금리를 인상함으로써 미국 2년 국채 수익률이 2016년 말 1.2퍼센트에서 1.9퍼센트로 상승(채권 가격은 하락)한 반면에 미국 10년 국채 수익률은 2016년 말 2.45퍼센트에서 거의 변동이 없기 때문이다. 미국 10년 국채 수익률이 상승하지 않는(채권 가격이 하락하지 않는) 주된 요인은 장래의 경기 후퇴를 우려하는 투자자들이 많아 단기 국채보다는 장기 국채를 사들이고 있기 때문이다.

또한 FRB가 2018년에 약 세 차례, 2019년과 2020년에 각각 두 차례의 금리 인상을 단행할 것으로 예상되고 있기 때문에 미국 2년 국채의 수익률은 상승할 것으로 예상된다(실제로 2018년, FRB가 금리 인상을 단행하자 2018년 연말 S&P500지수가 고점 대비

20% 하락하는 등 시장에 큰 영향을 미쳤다. 이후 FRB는 금리 인상을 철회했고, 2020년 현재 코로나19 대응을 위해 금리를 추가 인하했다). 그런데 미국 10년 국채의 수익률이 상승하지 않는다면 수익률 격차는 마이너스로 떨어질 것이며, 얼마 후 경기 후퇴기에 접어들어 주가가 폭락할 것이 예상된다. 만약 미국 10년 국채의 수익률이 상승한다면 수익률 격차는 축소되지 않으므로 강세장이 계속될 것이다.

'폭락하기를 기다렸다가 투자하면 되겠네?'라고 생각할지도 모르지만, 얄팍한 생각이다. 폭락 직전의 다우존스지수가 4만 달러이고 폭락 시의 하락폭이 30퍼센트 정도에 머문다면 다우존스지수는 2만 8,000달러까지밖에 떨어지지 않는다. 2017년 12월 말 현재의 다우존스지수가 2만 5,000달러도 안 되는 수준임을 생각하면, 이런 생각으로는 평생이 가도 투자를 시작할 수 없다. 다우존스지수가 얼마나 오를지, 그리고 얼마나 떨어질지는 아무도 알지 못한다. 한편 우량주에 대한 장기 투자가 보답을 받을 가능성은 높다. 이렇게 보면 하루라도 빨리 투자를 시작하는 것이 좋다.

중요한 것은 언젠가는 폭락이 온다는 사실을 전제로 하고, 실제로 폭락이 오더라도 주식 투자를 포기하지 않도록 신중하게 포트폴리오를 디자인하는 일이다.

적립 투자와 배분 조정을 지속적으로 실행해서 머니 머신을 기름칠한다면 여러분은 폭락에도 끄떡하지 않고 꾸준히 자산이 늘어나는 최고의 머니 머신을 갖게 될 것이다.

미국 배당주 투자로 천천히,
하지만 최단 거리로 부자가 되자

　도입부에서도 말했지만, 우리는 모두 풍요로운 사회에서 자본주의의 혜택을 누리며 살고 있다. 자본주의 사회에서 가난한 사람이 가난한 것은 자기 책임이다. 발끈하지 마라. 애플에 취직하기는 어렵지만 애플에 투자하는 것은 누구나 가능하지 않은가. 애플에 투자하는 사람은 누구나 애플이 벌어들이는 이익을 오너로서 누릴 수 있다.

　그러나 많은 사람이 자본주의의 혜택을 누리려 하기는커녕 주식 투자를 도박이라며 혐오하는 한편, 사회의 불평등과 격차를 비판한다. 일본의 대다수 국민이 그러하다. 이 말은 달리 생각하면 여러분은 그런 사람들을 손쉽게 추월해서 부자가 될 수 있다는 의미이기도 하다.

다만 투자의 세계는 때때로 잔혹한 일면을 지니고 있다. 예상 밖의 약세장은 투자자를 불안에 빠뜨리며, 그렇게도 밝아 보였던 주식 투자의 미래가 '뭐지? 내가 지옥행 특급열차의 표를 샀던 건가?'라는 생각이 들 만큼 절망적으로 보이게 되는 경우도 있다.

만약 여러분이 주식 투자의 미래에 불안감을 느끼게 되었다면 내가 운영하는 블로그 〈버핏타로의 비밀 포트폴리오〉를 찾아오기 바란다. 그곳에서 나는 세상에서 일어나고 있는 일을 투자자는 어떻게 해석해야 하며 어떻게 행동해야 할지에 관해 매일 글을 쓰고 있다. 여러분이 투자를 시작하려 한다면, 또 머니머신을 만들고 싶다면 그 글들이 틀림없이 도움이 될 것이다.

지금까지 이 책에서 미국의 연속 증배 고배당주에 투자하고 배당금을 재투자함으로써 천천히, 그러나 최단 거리로 부자가 될 수 있는 방법을 소개했다. 가상화폐처럼 여러분을 순식간에 부자로 만들어 주는 투자법은 아니지만, 누구나 쉽고 편하게 자본주의의 혜택을 누릴 수 있는 현명한 투자법이라고 확신한다.

여러분에게 자본주의의 혜택과 기쁨이 찾아오기를. 그리고 이 책이 여러분의 미래를 여는 계기가 되기를.

행운을 빈다.

버핏타로

최강의 머니 머신을 만드는
미국
배당주 정보

부록에 수록된 배당주 리스트는 저자가 추천한 것이 아니며,
투자 시 참고자료로만 사용하시기 바랍니다.

저자 추천 미국 주식 서적

제목	저자	출판사
《월가의 퀀트 투자 바이블》	제임스 P. 오쇼너시	에프앤미디어

압도적이고 방대한 데이터에 입각해 월스트리트에서 모두가 알고 있는 투자 전략의 장기적 효과를 해설한 결정판 가이드북. 데이터로 입증된 사실을 바탕으로 특정 가치 평가의 우위성을 증명한 양서.

《패자의 게임에서 승자가 되는 법》	찰스 엘리스	중앙북스

자산운용의 본질과 운용 이론의 기초 지식을 배울 수 있는 세계적인 명저. 과거의 실적을 바탕으로 인덱스 투자의 우위성을 설명했다.

《랜덤워크 투자수업》	버턴 말킬	골든어페어

역사와 데이터를 바탕으로 폭넓은 시점에서 인덱스 투자의 우위성을 설명한 세계적 명저. 지금부터 투자를 시작하려고 생각하는 사람은 반드시 읽어 보는 편이 좋다.

《투자의 미래》	제러미 시겔	이레미디어

버핏타로가 가장 크게 영향을 받은 미국 주식 장기 투자의 명저다. 이 책은 방대한 데이터에 입각해, S&P500지수의 수익률을 웃도는 투자법으로서 안정적으로 증배를 실시하는 대형 우량주에 투자해 배당을 재투자하는 투자 전략을 추천한다. 미국 주식 투자자의 필독서.

제목	저자	출판사
《주식에 장기투자하라》	제러미 시겔	이레미디어

미국에서 1994년에 출판된 이래 베스트셀러가 된 명저. 과거 200년 동안의 주요 금융 자산의 수익률이 기재되어 있는 등 풍부한 데이터가 갖춰져 있다.

《투자에 대한 생각》	하워드 막스	비즈니스맵

투자 철학서의 세계적인 명저. 저명한 투자자인 워런 버핏이 "읽을 가치가 있는 보기 드문 책"이라며 찬사를 보냈을 뿐만 아니라 이 책을 대량으로 구입해 자신의 투자 회사인 버크셔 해서웨이의 주주 총회에서 개인 투자자들에게 배포한 일화는 유명하다.

《이웃집 백만장자》	토머스 J. 스탠리, 윌리엄 D. 댄코	리드리드출판

부자란 어떤 사람일까? 사람은 어떻게 부자가 되는 것일까? 그런 의문에서 시작되는 이 책은 부자가 얼마나 평범한 사람들이며 간소한 생활을 하고 있는지 보여준다. 부자의 습관을 앎으로써 자신의 생활 습관을 되돌아보는 계기가 되는 양서.

배당수익률 상위 배당주 50

(배당수익률이 좋은 순서로 정렬함)

	종목명/ 종목코드	섹터	현재가 ($)	배당 성향	배당 수익률	배당 주기
1	CNX Midstream Partners LP **CNXM**	에너지	9.29	58.89%	21.01%	분기
2	Neuberger Berman RE Sec. Income Fund **NRO**	금융	3.85	36.92%	12.57%	월
3	Brookfield Property Reit Inc **BPYU**	부동산	11.41	19.61%	12.28%	분기
4	Delek US Energy Inc **DK**	에너지	11.83	28.57%	10.16%	분기
5	John Hancock Financial Opportunities Fund **BTO**	금융	22.35	23.11%	9.76%	분기
6	Credit Suisse Asset Manag. Income **CIK**	금융	2.95	50%	9.34%	월

	종목명/ 종목코드	섹터	현재가 ($)	배당 성향	배당 수익률	배당 주기
7	Saratoga Investment Corp **SAR**	금융	17.08	56.23%	9.31%	분기
8	The Buckle Inc **BKE**	소매	21.30	28.06%	8.11%	분기
9	The Childrens Place **PLCE**	소매	28.00	47.86%	7.99%	분기
10	Energetica Minas Gerais Cemig C **CIGc**	유틸리티	2.18	52.65%	7.83%	반기
11	델타항공 **DAL**	운송	33.51	29.00%	7.54%	분기
12	Gabelli Global Utility & Income Tr **GLU**	금융	16.12	32.43%	7.34%	월
13	Copa Holdings SA **CPA**	운송	58.00	50.46%	7.18%	분기

	종목명/ 종목코드	섹터	현재가 ($)	배당 성향	배당 수익률	배당 주기
14	Enel Americas SA ADR **ENIA**	유틸리티	7.37	55.48%	7.15%	반기
15	Bank of N.T. Butterfield & Son Ltd **NTB**	금융	24.81	57.52%	6.96%	분기
16	Reaves Utility Income Fund **UTG**	금융	31.90	30.47%	6.81%	월
17	Grupo Aval **AVAL**	금융	4.83	55.65%	6.68%	월
18	Embotelladora Andina **AKOa**	소비재	11.84	57.20%	6.67%	분기
19	Union Bankshares **UNB**	금융	19.55	54.31%	6.46%	분기
20	CPB Inc **CPF**	금융	14.79	55.76%	6.21%	분기
21	Hennessy Advisors Inc **HNNA**	금융	9.26	6.61%	6.10%	분기
22	유넘그룹 **UNM**	금융	18.19	24.26%	6.05%	분기

	종목명/ 종목코드	섹터	현재가 ($)	배당 성향	배당 수익률	배당 주기
23	Financial Institutions FISI	금융	17.20	44.54%	6.02%	분기
24	Washington Trust WASH	금융	33.73	52.85%	5.95%	분기
25	Synovus Financial SNV	금융	22.29	49.03%	5.85%	분기
26	Webster Financial Corp WBS	금융	27.03	54.98%	5.79%	분기
27	Manulife Financial Corporation MFC	금융	14.60	54.08%	5.76%	분기
28	Triton International Group Inc TRTN	서비스	37.38	51.36%	5.60%	분기
29	Independent Bank Corp IBCP	금융	13.97	37.44%	5.59%	분기
30	First Commonwealth Financial Corp FCF	금융	7.72	50.60%	5.59%	분기
31	Mercantile Bank MBWM	금융	19.44	39.71%	5.57%	분기

	종목명/ 종목코드	섹터	현재가 ($)	배당 성향	배당 수익률	배당 주기
32	Penske Automotive Group Inc **PAG**	서비스	49.72	31.78%	5.49%	분기
33	프린시플 파이낸셜 **PFG**	금융	39.95	48.79%	5.42%	분기
34	Federal Agricultural Mortgage A **AGMa**	금융	56.50	38.27%	5.42%	분기
35	프랭클린 리소시스 **BEN**	금융	20.39	39.02%	5.30%	분기
36	Cathay General **CATY**	금융	23.06	41.06%	5.29%	분기
37	Orix Corp **IX**	금융	66.81	34.11%	5.29%	반기
38	First Community B **FCBC**	금융	19.05	47.85%	5.26%	분기
39	Premier Financial **PFBI**	금융	11.39	68.46%	5.11%	분기
40	Evans Bancorp Inc **EVBN**	금융	22.41	57.59%	5.09%	반기

	종목명/ 종목코드	섹터	현재가 ($)	배당 성향	배당 수익률	배당 주기
41	Invesco Municipal Income Opportunities Closed Fund Class Common **OIA**	금융	7.37	35.66%	5.09%	월
42	Community Trust Bancorp **CTBI**	금융	29.79	46.91%	5.08%	분기
43	Premier Financial Corp **PFC**	금융	16.99	57.43%	5.08%	분기
44	Bank of Hawaii Corp **BOH**	금융	51.90	57.95%	5.02%	분기
45	C&F Financial Corp **CFFI**	금융	29.51	32.06%	5.00%	분기
46	Toronto Dominion Bank **TD**	금융	63.26	59.30%	5.00%	분기
47	West BanCorp **WTBA**	금융	16.95	44.68%	4.97%	분기
48	Parke Bancorp **PKBK**	금융	12.95	24.64%	4.93%	분기
49	Franklin Financial Services Corp **FRAF**	금융	23.50	38.22%	4.91%	분기
50	Riverview Bancorp **RVSB**	금융	4.01	35.85%	4.88%	분기

〈출처: Investing.com〉 2020년 9월 15일 기준

부록

50년 이상 연속 배당한 기업

배당킹(Dividend King)은 50년 이상 배당금을 증가시킨 기업, 배당 귀족 (Dividend Aristcrats)은 25년 이상 배당금을 증가시킨 기업을 말한다. 이 기업 들이 앞으로도 매년 배당금을 인상하리란 보장은 없다. 하지만 수십 년 동안 꾸 준히 배당금을 증가한 곳이므로 배당주 투자에 관심이 있다면 살펴볼 만하다.

다음 페이지의 표는 미국에서 50년 이상 연속해서 배당금을 지급해온 기업들 의 목록이다. 배당금을 늘려온 햇수가 오래된 순서로 정렬했다. 다만, 연속으로 배당을 해왔지만 투자 매력도가 낮거나 성장성이 떨어지는 기업도 있으니 투 자 전에 기업의 실적과 주가 전망 등을 살펴보고 결정하는 것이 좋다.

회사명	종목코드	섹터	배당금 지급 연수	배당률	주가	연배당
American States Water	AWR	유틸리티	65년	1.58%	$77.00	$1.22
Dover Corp.	DOV	산업재	64년	2.07%	$94.90	$1.96
Northwest Natural Gas	NWN	유틸리티	64년	3.35%	$54.85	$1.91
Genuine Parts	GPC	서비스	63년	3.61%	$87.58	$3.16
Procter & Gamble	PG	소비재	63년	2.65%	$118.92	$3.16
Emerson Electric	EMR	산업재	63년	3.23%	$61.98	$2.00
3M	MMM	산업소비재	61년	3.69%	$158.15	$5.88
Cincinnati Financial	CINF	금융	59년	3.80%	$63.17	$2.40
Johnson & Johnson	JNJ	헬스케어	57년	2.82%	$143.83	$4.04
Lowe's	LOW	서비스	57년	1.64%	$133.83	$2.20
Coca-Cola Co.	KO	소비재	57년	3.49%	$46.02	$1.64
Lancaster Colony Corp.	LANC	소비재	57년	1.80%	$154.72	$2.80
Colgate-Palmolive	CL	소비재	56년	2.40%	$73.36	$1.76
Illinois Tool Works	ITW	산업재	56년	2.50%	$170.88	$4.28
Chubb Limited	CB	금융	54년	2.44%	$127.95	$3.12
Hormel Foods	HRL	소비재	53년	1.92%	$48.55	$0.93
Tootsie Roll	TR	소비재	53년	1.01%	$35.3.	$0.36
ABM Industries	ABM	서비스	52년	1.93%	$38.29	$0.74
Federal Realty Investment Trust	FRT	금융	52년	4.96%	$84.75	$4.20
Stepan Co.	SCL	소비재	52년	1.18%	$92.47	$1.10
Target	TGT	서비스	52년	2.32%	$120.56	$2.72
Stanley Black & Decker, Inc.	SWK	산업재	52년	2.02%	$133.92	$2.76
California Water Services Group	CWT	유틸리티	52년	1.85%	$45.83	$0.85
SJW Corp	SJW	유틸리티	52년	2.07%	$61.22	$1.28
Commerce Bankshares	CBSH	금융	51년	1.75%	$61.83	$1.08
Black Hills Corp	BKH	유틸리티	50년	3.93%	$54.39	$2.14
H.B. Fuller Co.	FUL	기초소재	50년	1.55%	$42.00	$0.65

〈출처: 마켓워치〉 2020년 5월 기준

매달 배당을 받고 싶다면

배당 시기	회사명	종목코드	섹터
매월	메인 스트리트 캐피털	MAIN	금융
	리얼티 인컴	O	부동산
	리츠 ETF	KBWY	ETF
	신흥국 국채 ETF	EMLC	ETF
	하이일드 채권 ETF	ANGL	ETF
	우선주 투자 ETF	PFF	ETF
	S&P500 고배당저변동 ETF	SPHD	ETF
	나스닥100 커버드콜 ETF	QYLD	ETF
	자산배분 ETF	IYLD	ETF
	자산배분 ETF	MDIV	ETF
1,4,7,10월	애널리캐피탈매니지먼트	NLY	금융
	알트리아 그룹	MO	소비재
	벤타스	VTR	금융
	나이키	NKE	소비재
	JP모건	JPM	금융
	램리서치	LRCX	반도체
2,4,7,11월	지오 그룹	GEO	금융

배당 시기	회사명	종목코드	섹터
2,5,8,11월	에너지 트랜스퍼	ET	에너지
	애플	AAPL	IT
	프록터앤드갬블	PG	소비재
	스타벅스	SBUX	소비재
	사이먼 프로퍼티	SPG	부동산
	캐나다 왕립은행	RY	금융
	마스터카드	MA	금융
	펫메드 익스프레스	PETS	소비재
	AT&T	T	통신
3,6,9,12월	마이크로소프트	MSTFT	IT
	인텔	INTC	IT
	비자카드	V	금융
	길리어드 사이언스	GILD	헬스케어
	엑손모빌	XOM	에너지
	존슨앤드존슨	JNJ	헬스케어
	맥도날드	MCD	소비재
	펩시코	PEP	소비재
	3M	MMM	기본재
	홈디포	HD	소비재
4,7,10,12월	코카콜라	KO	소비재
1,7월	디즈니	DIS	엔터테인먼트

미국 배당주 투자

초판 1쇄 발행 2020년 11월 10일
2판 1쇄 발행 2024년 4월 12일
3쇄 발행 2024년 6월 14일

지은이 버핏타로
그린이 하루타케 메구미
옮긴이 김정환

펴낸곳 (주)이레미디어
전화 031-908-8516(편집부), 031-919-8511(주문 및 관리)
팩스 0303-0515-8907
주소 경기도 파주시 문예로 21, 2층
홈페이지 www.iremedia.co.kr | **이메일** mango@mangou.co.kr
등록 제396-2004-35호

편집 이병철 | **표지 디자인** 최치영 | **본문 디자인** 타입타이포
마케팅 김하경 | **재무총괄** 이종미 | **경영지원** 김지선

ISBN 979-11-93394-27-4 (03320)

· 가격은 뒤표지에 있습니다.
· 잘못된 책은 구입하신 서점에서 교환해드립니다.

당신의 소중한 원고를 기다립니다. mango@mangou.co.kr